Let's go 스마트폰

어른들을 위한 카카오톡 자유자재로 활용하기

김수진 지음

아티오 ArtStudio

Let's go 스마트폰

어른들을 위한 카카오톡 자유자재로 활용하기

2024년 1월 5일 초판 인쇄
2024년 1월 10일 초판 발행

펴낸이 | 김정철
펴낸곳 | 아티오
지은이 | 김수진
마케팅 | 강원경
표 지 | 김지영
편 집 | 이효정
전 화 | 031-983-4092~3
팩 스 | 031-696-5780
등 록 | 2013년 2월 22일
정 가 | 12,000원
주 소 | 경기도 고양시 일산동구 호수로 336 (브라운스톤, 백석동)
홈페이지 | http://www.atio.co.kr

* 아티오는 Art Studio의 줄임말로 혼을 깃들인 예술적인 감각으로 도서를 만들어 독자에게 최상의 지식을 전달해 드리고자 하는 마음을 담고 있습니다.
* 잘못된 책은 구입처에서 교환하여 드립니다.

들어가면서

Let's go 스마트폰 시리즈는 스마트폰을 이용한 다양한 앱들을 좀더 손쉽게 활용할 수 있도록 구성된 도서입니다.

이 책의 장점은 보기 쉬운 페이지 구성과 생활에 밀접한 예제를 통한 이해하기 쉬운 편성입니다. 조작 방법을 하나씩 따라하기 식으로 설명함과 동시에 문자와 사진을 크게 게재하여 중장년층 분들도 보다 편하게 이해할 수 있도록 구성하였습니다.
이 책들을 통하여 스마트폰을 자유자재로 활용할 수 있는 즐거움을 느끼시기 바랍니다.

하나! 생활에 밀접한 예제들로 구성
생활에서 실제로 사용 가능한 예제 위주 편성으로 친밀감이 들도록 하여 보다 쉽게 학습한 후 곧바로 응용할 수 있도록 하였습니다.

둘! 쉽게 따라하기 형태의 내용 구성
각 기능들을 쉬운 단계부터 시작하여 실습 형태로 따라하면서 자연스럽게 익혀 활용할 수 있도록 하였습니다.

셋! 베테랑 강사들의 노하우를 적재적소에 배치
일선에서 다년간 강의를 하면서 모아놓은 보물 같은 내용들을 [Tip], [한걸음 더], [미리보기] 등의 코너를 만들어 곳곳에 배치시켜 놓아 효율을 극대화 시켰습니다.

넷! 대형 판형에 의한 넓고 시원한 편집
A4 사이즈에 맞춘 큰 판형으로 디자인하여 보기에도 시원하고 쾌적하게 학습할 수 있도록 하였습니다.

다섯! 스스로 풀어보는 혼자 해보기 예제
각 단원이 끝날 때마다 배운 내용을 실습하면서 완벽히 익힐 수 있도록 난이도별로 다양한 실습 문제를 제시하여 복습할 수 있도록 하였습니다.

이 책의 특징

Section 01

카카오톡 프로필 설정하기

카카오톡은 인터넷에서 실시간으로 메시지와 데이터를 주고받을 수 있는 프로그램으로, 문자 채팅뿐만 아니라 전화 통화를 하는 것처럼 음성 또는 영상으로 실시간 대화를 나눌 수 있습니다. 내 연락처에서 카카오톡을 사용하는 친구들을 자동으로 친구 목록에 추가하도록 설정할 수 있습니다.

학습내용

✓ 개인 프로필을 사진으로 꾸밀 수 있습니다.
✓ 멀티 프로필을 만들어 특정 지인에게 다른 프로필을 표시할 수 있습니다.

섹션 설명

해당 단원에서 배울 내용에 대한 전체적인 개념을 설명함으로써, 공부할 내용에 대한 이해도를 증진시키도록 합니다.

학습내용

해당 단원에서 배울 내용들에 대한 핵심 내용을 기록하여 흐름을 파악할 수 있습니다.

Section 02 친구와 대화하기

smartphone 01 친구와 일대일 대화하기

카카오톡에 친구로 등록된 지인과 문자로 대화를 나눌 수 있으며, 다양한 이모티콘으로 지금 나의 기분을 표현할 수 있습니다.

TIP

친구의 프로필에서 1:1 채팅, 통화하기, 페이스톡을 선택하여 대화할 수 있습니다.

통화하기 : 음성으로 대화할 수 있습니다.

페이스톡 : 상대방의 얼굴을 보면서 대화할 수 있습니다.

17

미리보기

따라하기에서 만들어볼 결과물을 미리 보여줌으로써 실습하는데 따르는 전체적인 틀을 이해할 수 있도록 하여 학습 효율을 극대화시켜 줍니다.

TIP

실습을 따라하는 과정에서 저자만이 가지고 있는 다양한 노하우 및 좀 더 편리하게 접근하기 위한 정보들을 제공합니다.

따라하기

내용을 하나씩 따라해 가면서 실습하다 보면 자연스럽게 관련 기능을 이해할 수 있도록 구성하여 누구나 쉽게 기능을 터득할 수 있도록 하였습니다.

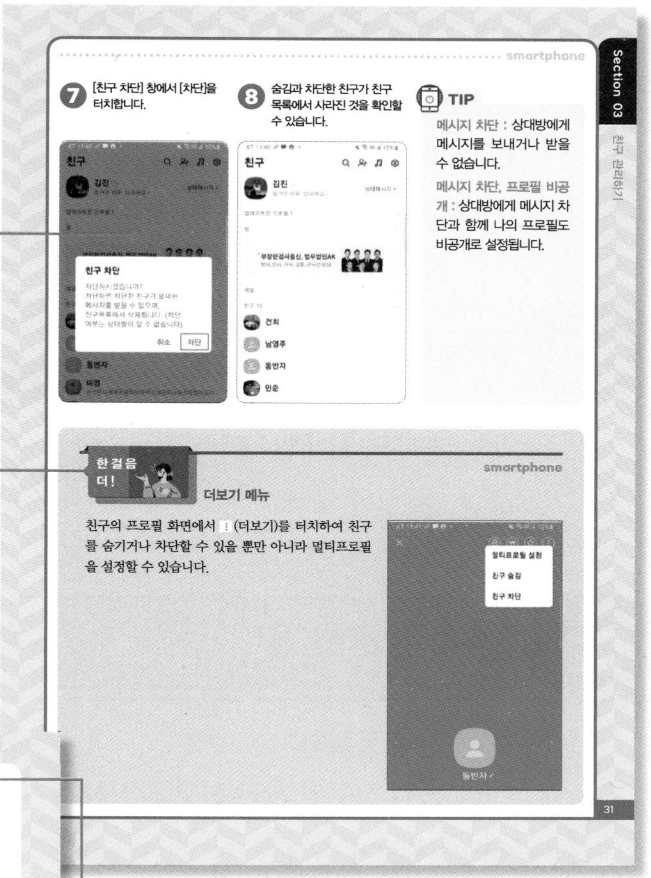

한걸음 더!

난이도가 높아 본문의 따라하기에서 다루지는 않았지만 익혀놓으면 나중에 실무에서 도움이 될 것 같은 내용들을 별도로 구성해 놓았습니다.

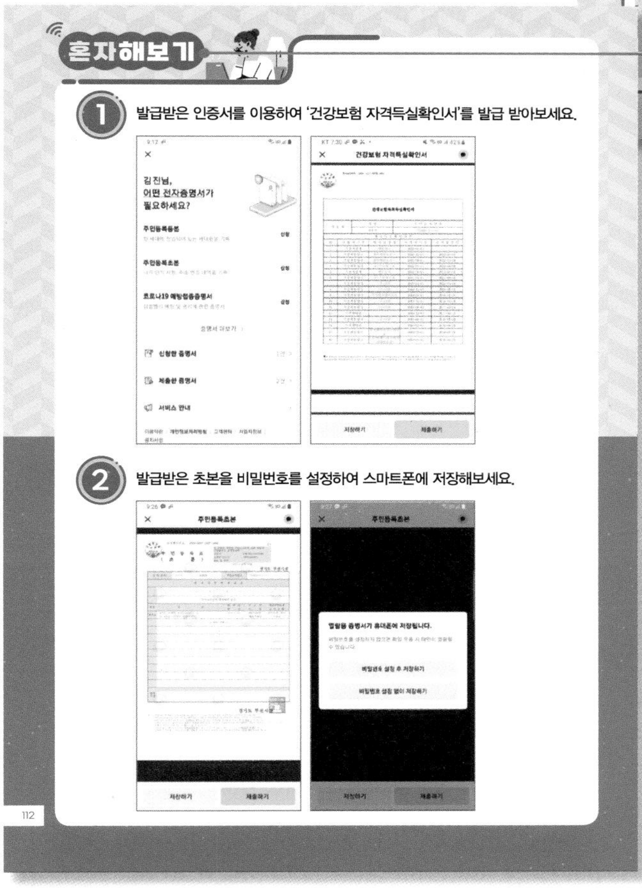

혼자해보기

해당 단원에서 배운 내용을 다양한 예제를 통하여 실습하면서 확실하게 익힐 수 있도록 실습 문제를 담았습니다.

차례

Section 01

카카오톡 프로필 설정하기

카카오톡은 인터넷에서 실시간으로 메시지와 데이터를 주고받을 수 있는 프로그램으로, 문자 채팅뿐만 아니라 전화 통화를 하는 것처럼 음성 또는 영상으로 실시간 대화를 나눌 수 있습니다. 내 연락처에서 카카오톡을 사용하는 친구들을 자동으로 친구 목록에 추가하도록 설정할 수 있습니다.

학습내용

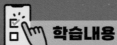

- 개인 프로필을 사진으로 꾸밀 수 있습니다.
- 멀티 프로필을 만들어 특정 지인에게 다른 프로필을 표시할 수 있습니다.

smartphone 01 프로필 설정하기

스마트폰으로 촬영한 사진을 이용하여 개인 프로필을 다양하게 꾸밀 수 있으며, 현재 나의 감정을 상태 메시지에 표현할 수 있습니다. 상태 메시지는 최대 60자까지 입력할 수 있습니다.

배경 화면

프로필 화면

펑 만들기

24시간 이후 자동으로 사라지는 프로필로 친구들과 가볍고 재미있게 소통할 수 있는 기능입니다.

1 👤[친구]를 터치한 다음 내 프로필을 터치합니다.

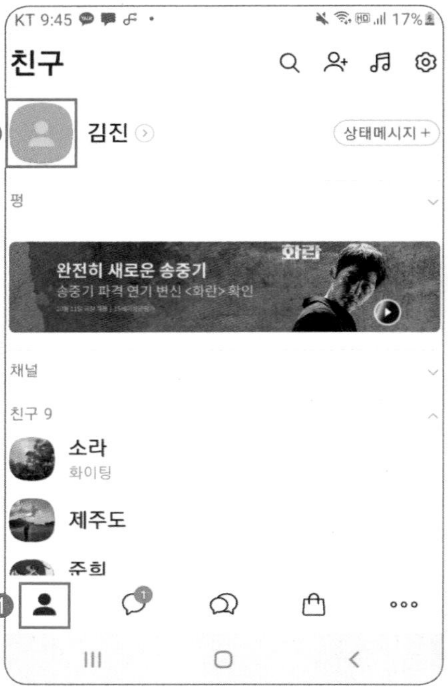

2 내 프로필 화면에서 ✏[프로필 편집]을 터치합니다.

3 프로필 배경을 꾸미기 위해 📷[카메라]를 터치합니다.

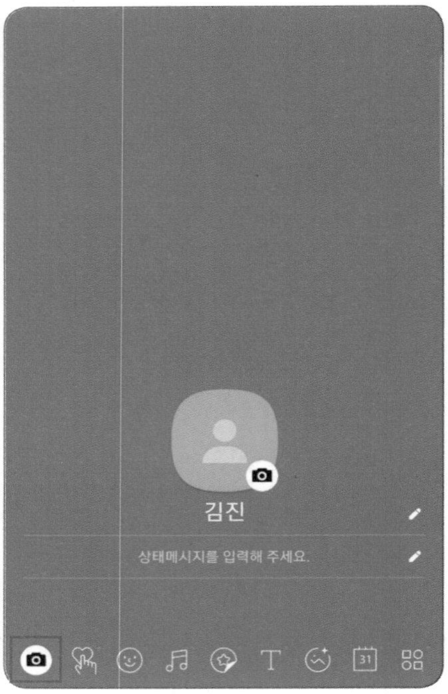

TIP

프로필 배경을 설정한 경우 [배경 사진/동영상] 창이 나타납니다. [앨범에서 사진/동영상 선택]을 터치합니다.

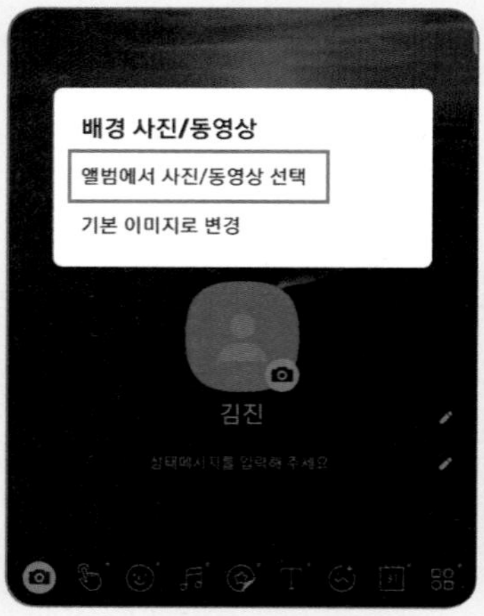

4 갤러리에서 배경으로 사용할 사진을 선택합니다.

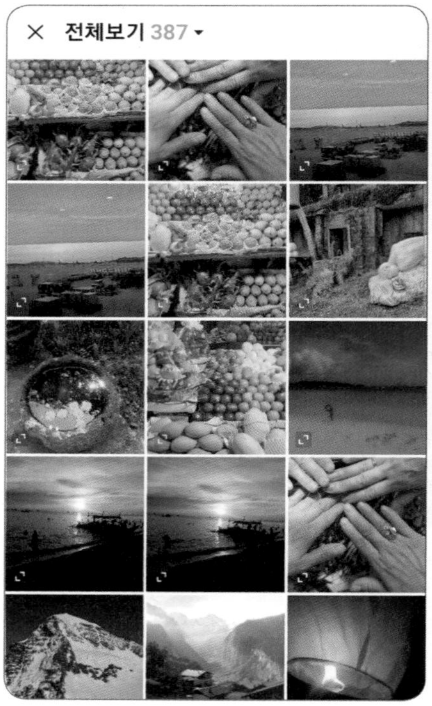

5 선택한 사진 창에서 [확인]을 터치합니다.

6 이번에는 프로필 화면을 꾸미기 위해 [카메라]를 터치합니다.

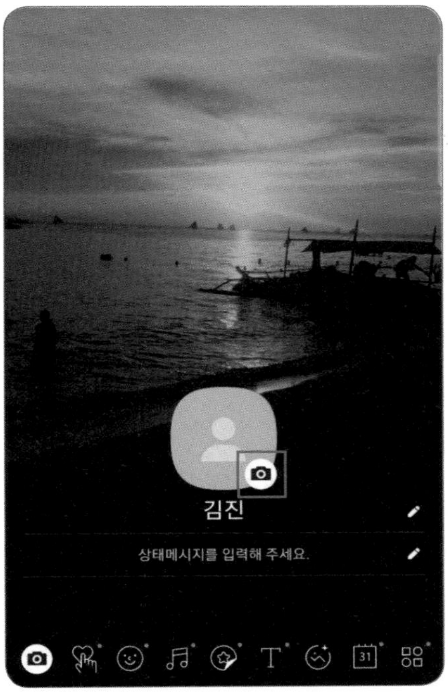

7 [프로필 사진/동영상] 창에서 [앨범에서 사진/동영상 선택]을 터치합니다.

8 갤러리에서 프로필에 사용할 사진을 선택합니다.

9 사진 비율을 맞추기 위해 [자유롭게]를 터치합니다.

10 비율을 '1:1'로 선택하고, 사진을 드래그하여 위치를 설정한 후 [확인]을 터치합니다.

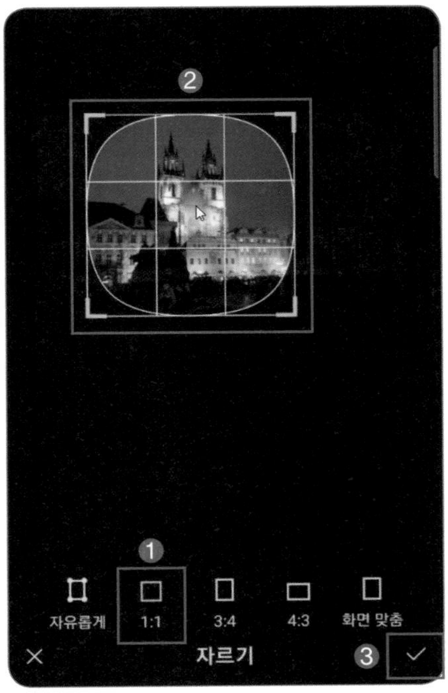

11 다음과 같이 1:1 비율로 자르기 된 화면에서 [확인]을 터치합니다.

12 이번에는 상태메시지를 입력하기 위해 [상태메시지]를 터치합니다.

13 상태메시지를 입력하고 [확인]을 터치합니다.

14 [프로필 편집] 화면에서 [완료]를 터치합니다.

15 다음과 같이 배경과 상태메시지가 적용되면 ✕[닫기]를 터치합니다.

TIP

다양한 스티커로 프로필 꾸미기

[프로필 편집] 화면에서 [스티커]를 터치하여 다양한 스티커로 프로필을 꾸밀 수 있습니다.

⤡ : 크기를 조절하거나 회전을 할 수 있습니다.

✕ : 삽입한 스티커를 삭제할 수 있습니다.

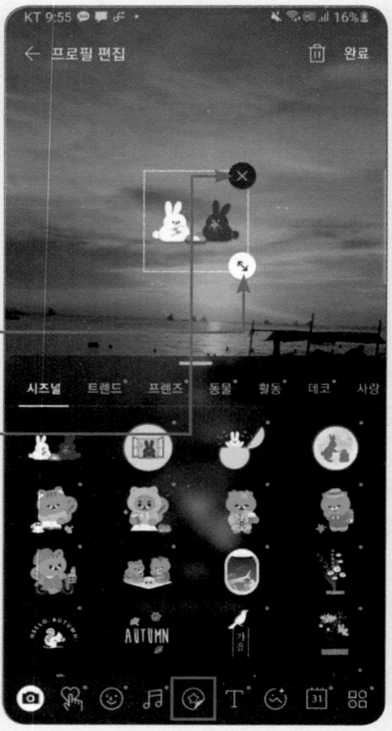

smartphone 02 멀티프로필 설정하기

멀티프로필은 내 친구 목록에 있는 친구들에게 각기 다른 프로필을 보여줄 수 있는 기능으로 대화하는 상대에 따라 프로필을 다르게 설정할 수 있습니다. 멀티프로필은 최대 3개까지 만들 수 있습니다.

TIP

프로필은 스마트폰에 저장된 사진이나 동영상 또는 카카오톡의 프렌즈 이미지를 이용하여 독특하고 개성 있는 커스텀 프로필로 만들 수 있습니다.

1 [친구]를 터치하여 [내 멀티 프로필]의 '>'을 터치합니다.

2 [멀티프로필] 화면에서 [멀티 프로필 만들기]를 터치합니다.

3 프로필과 배경을 꾸민 다음 [완료]를 터치합니다.

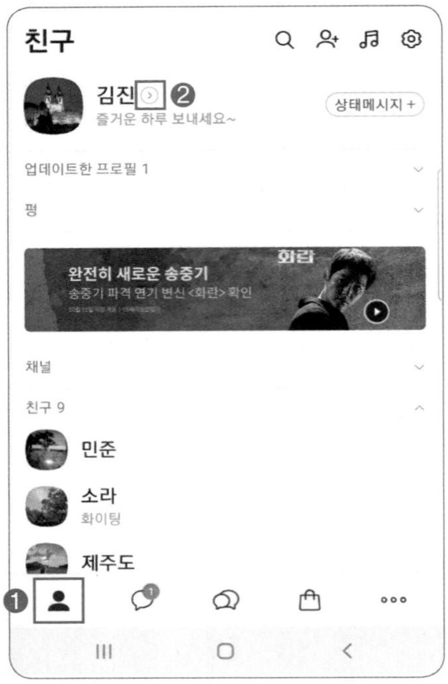

4 멀티프로필이 만들어지면 [친구 관리]를 터치합니다.

5 [프로필 친구 관리] 화면에서 [지정친구 추가]를 터치합니다.

6 [추가할 친구 선택] 화면에서 프로필을 적용할 친구를 선택하고 [확인]을 터치합니다.

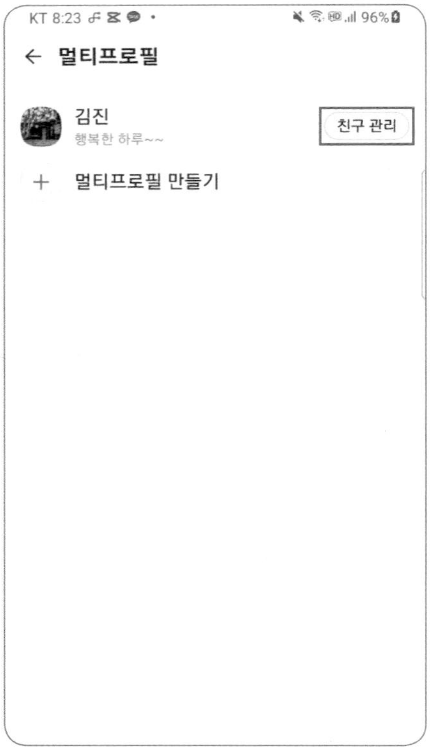

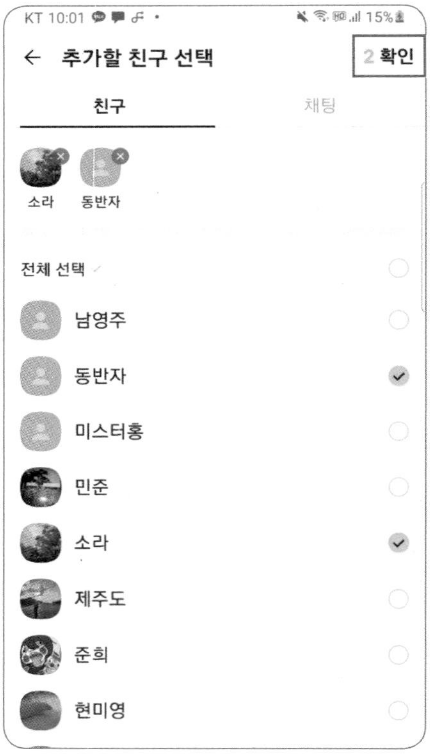

7 [프로필 친구 관리] 화면에서 '←'[뒤로]를 터치합니다.

8 다음과 같이 멀티프로필이 설정된 것을 확인할 수 있습니다.

TIP

[멀티프로필] 화면에서 [친구 관리]를 터치하여 해당 프로필을 표시하는 친구를 추가하거나 해제할 수 있습니다.

한 걸음 더!

smartphone

멀티프로필 삭제하기

❶ 멀티 프로필을 삭제하려면 멀티 프로필 화면에서 [설정]을 터치합니다.

❷ [멀티프로필 관리] 화면에서 [멀티프로필 삭제]를 터치합니다.

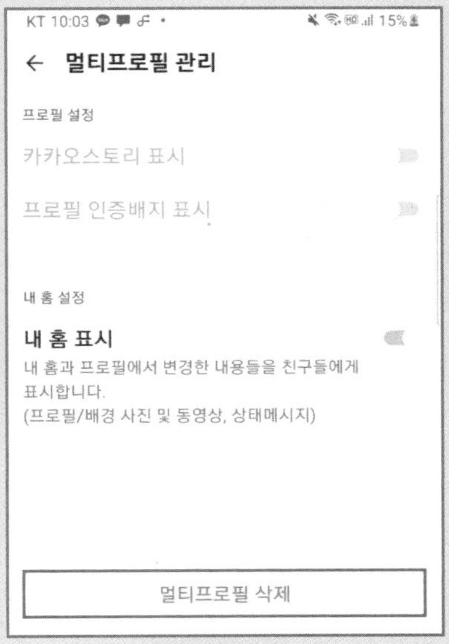

❸ [멀티프로필 삭제] 창에서 [확인]을 터치합니다.

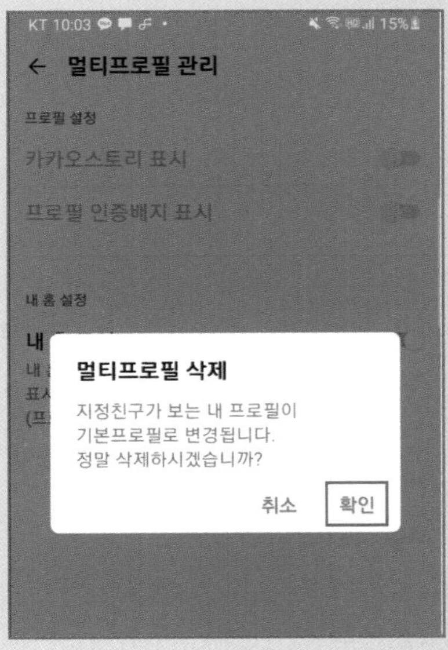

Section
02

친구와 대화하기

카카오톡은 인터넷에서 실시간으로 메시지와 데이터를 주고받을 수 있는 프로그램으로, 1:1 대화는 물론 여러 명이 함께 문자 채팅을 할 수 있습니다.

학습내용

- ✓ 친구와 1:1 대화를 할 수 있습니다.
- ✓ 잘못 보낸 대화를 삭제하거나, 친구의 질문에 답장을 보낼 수 있습니다.
- ✓ 대화방에 다른 친구를 초대하여 여러 명이 함께 대화할 수 있습니다.

smartphone 01 친구와 일대일 대화하기

카카오톡에 친구로 등록된 지인과 문자로 대화를 나눌 수 있으며, 다양한 이모티콘으로 지금 나의 기분을 표현할 수 있습니다.

TIP

친구의 프로필에서 1:1 채팅, 통화하기, 페이스톡을 선택하여 대화할 수 있습니다.

- **통화하기** : 음성으로 대화할 수 있습니다.
- **페이스톡** : 상대방의 얼굴을 보면서 대화할 수 있습니다.

1 [친구]를 터치하여 대화할 친구를 선택합니다.

2 친구의 프로필 화면이 나타나면 [1:1채팅]을 터치합니다.

3 메시지 입력란을 터치하여 메시지를 입력한 다음, [전송]을 터치합니다.

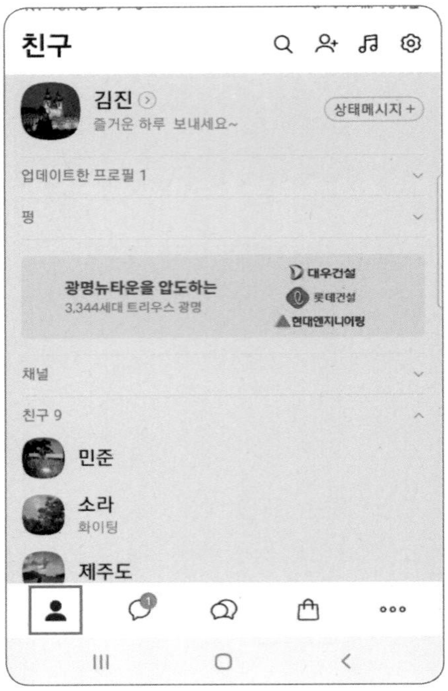

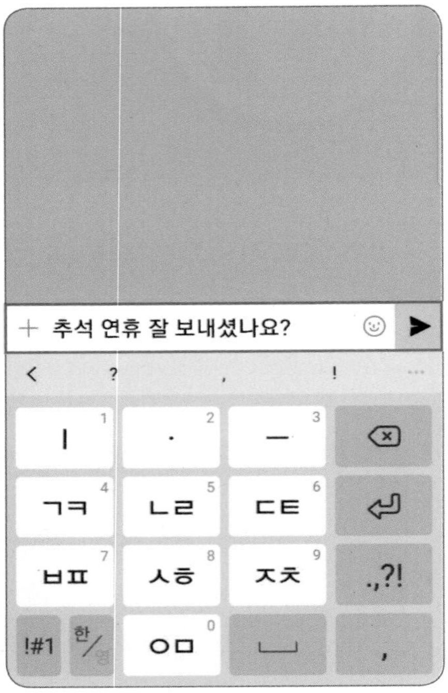

4 이모티콘을 보내려면 [이모티콘]을 터치합니다.

5 표시된 이모티콘에서 원하는 모양을 선택하고 [전송]을 터치합니다.

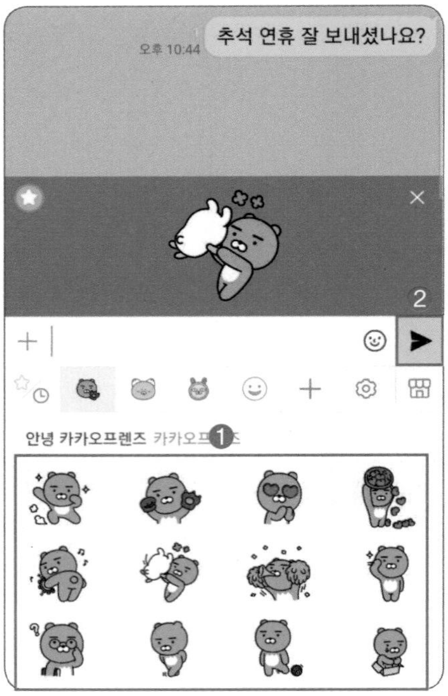

TIP

이모티콘을 처음 사용하면 [다운로드] 화면에서 [다운로드]를 터치한 후 사용할 수 있습니다.

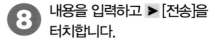

6 친구 질문에 답장을 하려면 질문을 길게 누릅니다.

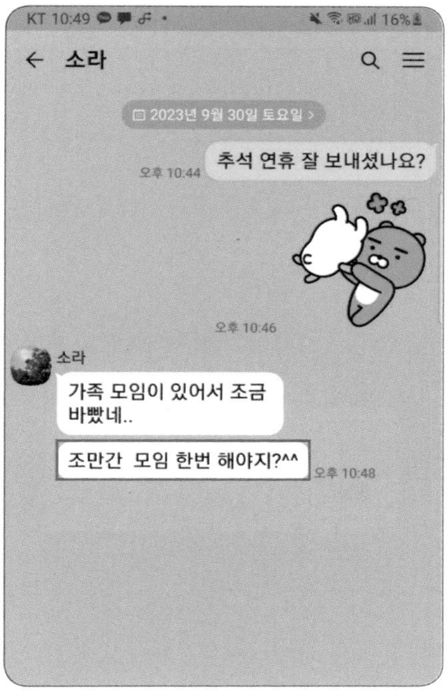

7 메뉴에서 [답장]을 터치합니다.

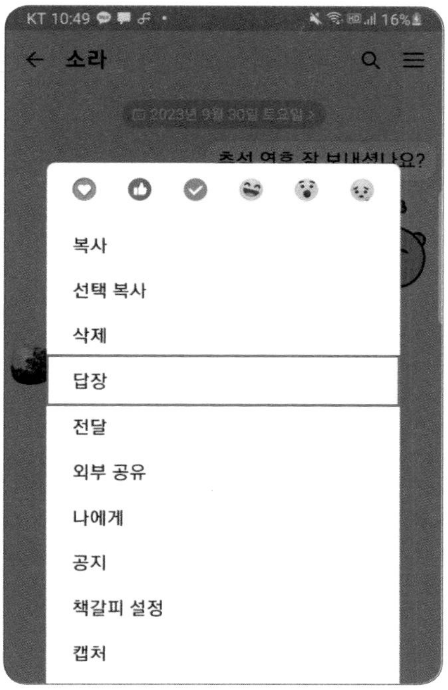

8 내용을 입력하고 ➤ [전송]을 터치합니다.

9 잘못 보낸 메시지를 삭제하려면 삭제할 대화를 길게 누릅니다.

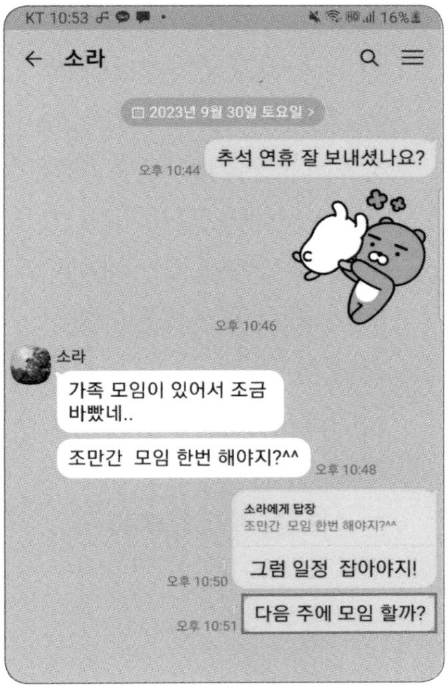

10 메뉴에서 [삭제]를 터치합니다.

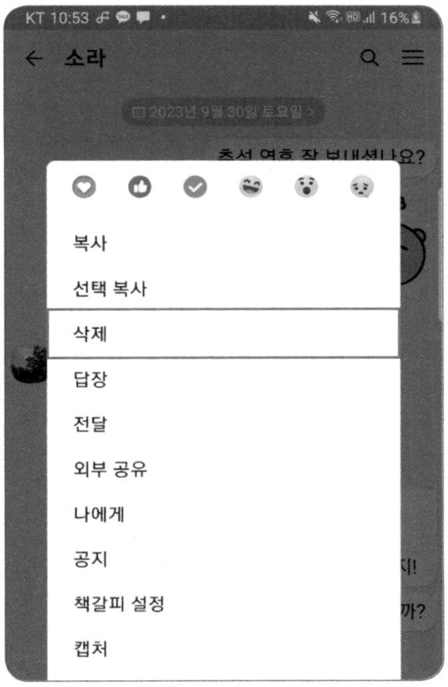

11 [삭제] 창에서 [모든 대화 상대에게 삭제]를 선택 후 [확인]을 터치합니다.

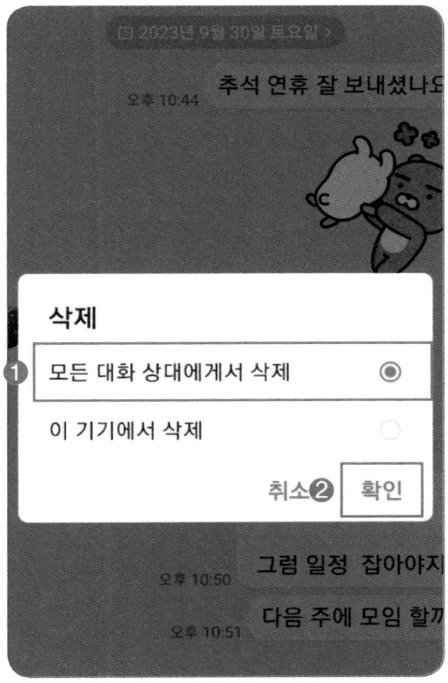

12 [모든 대화 상대에게서 삭제] 창이 나타나면 [삭제]를 터치합니다.

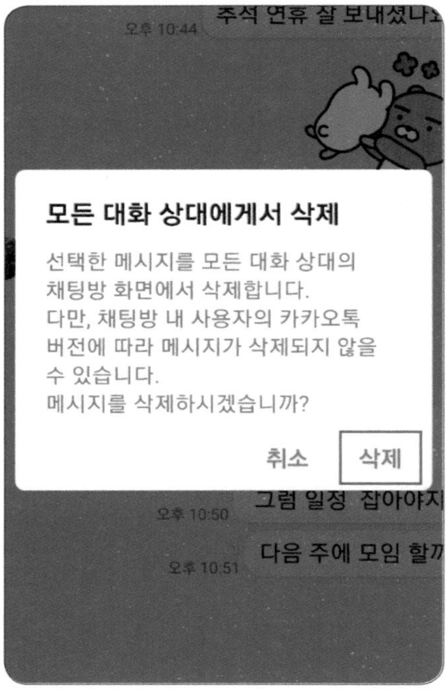

13 메시지가 삭제되었습니다. 내 기기에서만 삭제하려면 메시지를 길게 누릅니다.

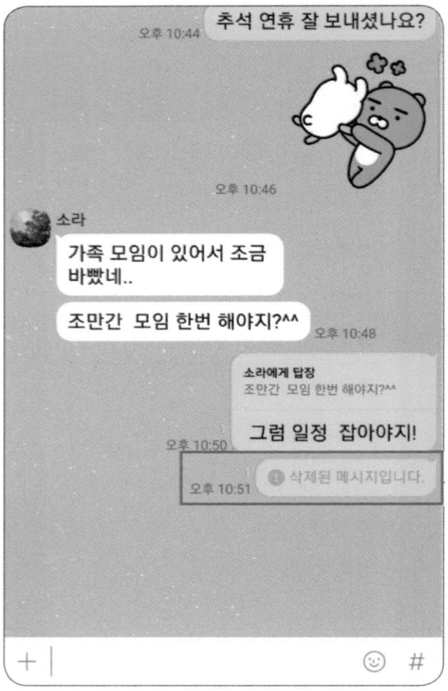

14 메뉴에서 [삭제]를 터치합니다.

15 [이 기기에서 삭제]를 선택한 다음, [확인]을 터치합니다.

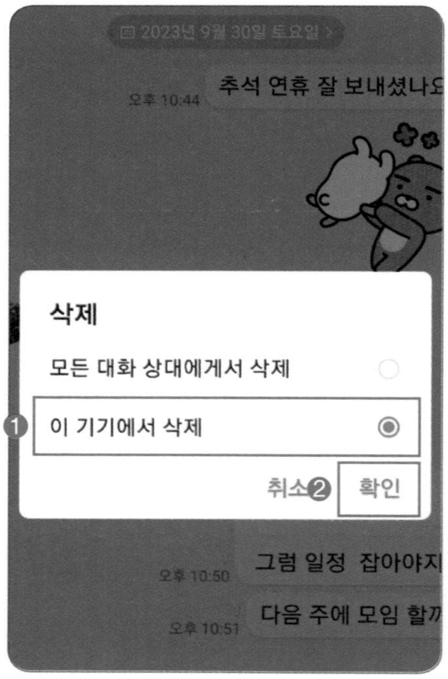

16 [이 기기에서 삭제] 창에서 [삭제]를 터치합니다.

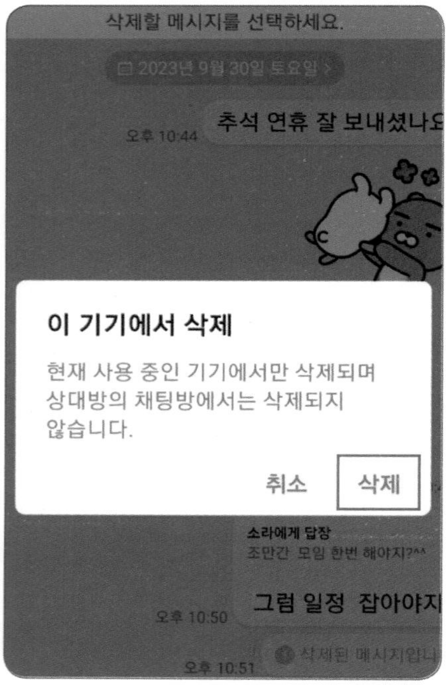

TIP

메시지 삭제

상대방이 메시지를 읽었거나 메시지를 전송하고 5분이 지나면 메시지를 삭제해도 내 기기에서만 삭제되고, 상대방 메시지는 삭제할 수 없습니다. 메시지를 삭제하면 상대방 대화 창에서 '삭제된 메시지입니다'가 표시되며, 상대방 대화 창에 표시된 메시지는 삭제할 수 없습니다.

smartphone

02 채팅방에 친구 초대하기

1:1 채팅방에서 대화를 하다가 다른 친구를 여러 명 초대하여 함께 대화를 나눌 수 있습니다.

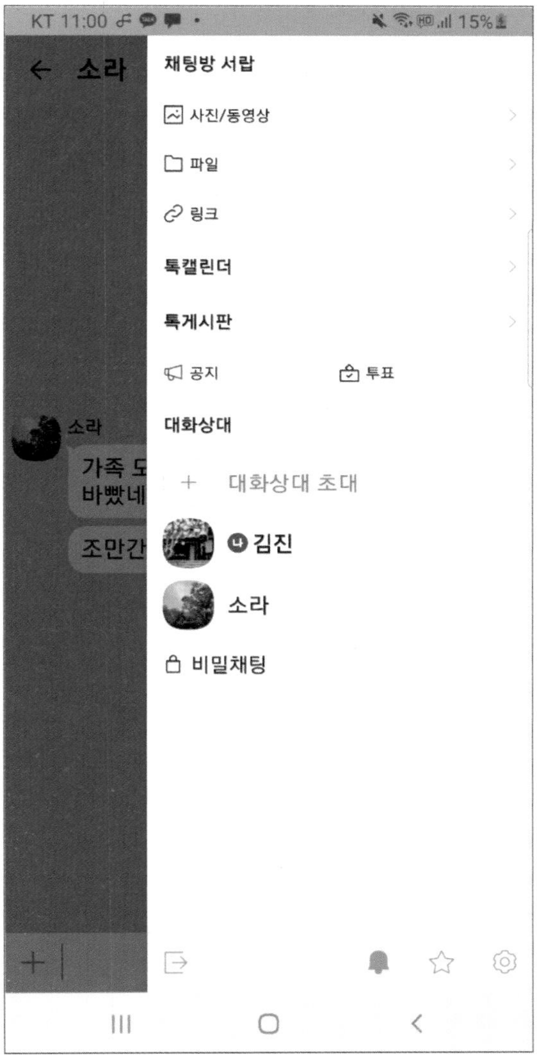

TIP

- : 채팅방을 나가기 합니다.
- : 채팅방을 알림 해제/설정할 수 있습니다.
- : 즐겨찾기에 등록/해제할 수 있습니다.
- : 채팅방을 설정할 수 있는 화면으로 이동합니다.

1 대화방에서 다른 친구를 초대하려면 ☰[채팅방 서랍]을 터치합니다.

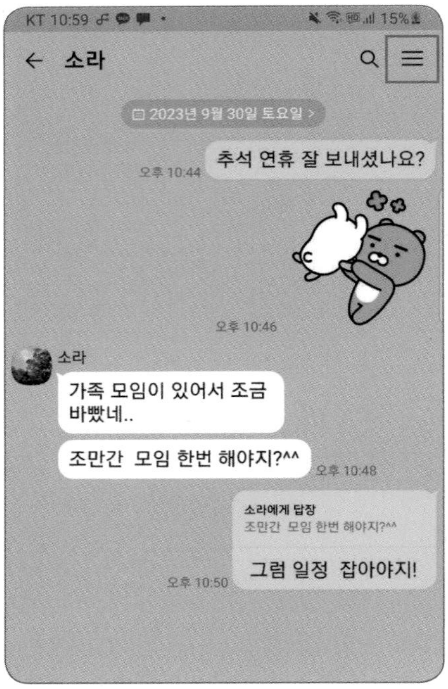

2 [채팅방 서랍] 메뉴에서 [대화상대 초대]를 터치합니다.

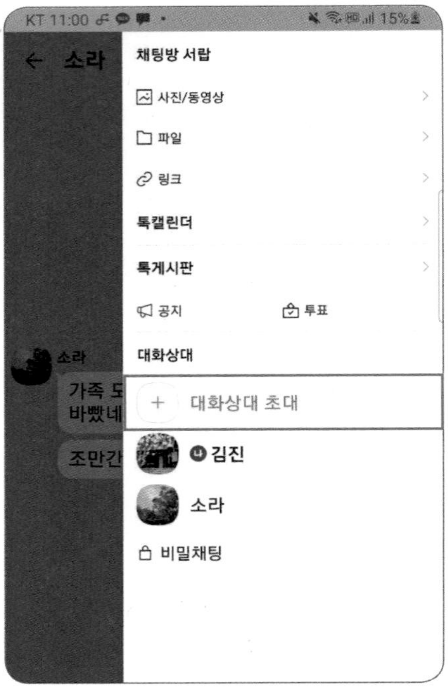

3 [대화상대 초대] 화면에서 초대할 친구를 선택한 후 [확인]을 터치합니다.

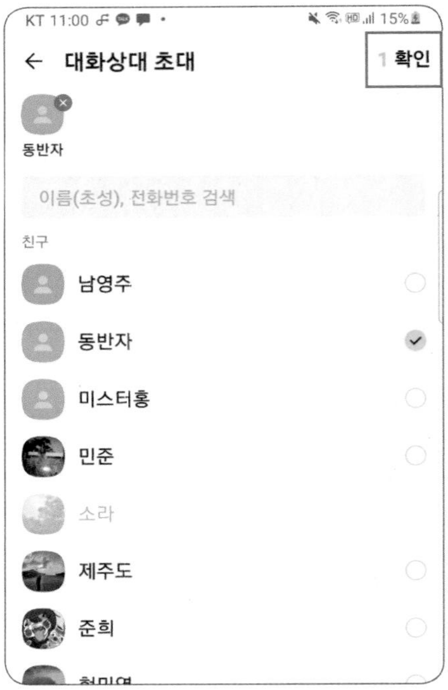

4 [그룹채팅방 정보 설정] 화면에서 채팅방 이름을 입력하고 [확인]을 터치합니다.

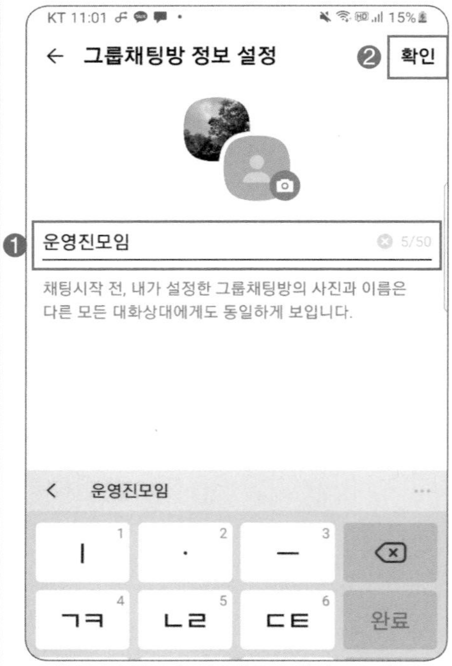

5 채팅방 이름이 모두 같은 이름으로 개설된다는 메시지 창에서 [다시 열지 않음]을 터치합니다.

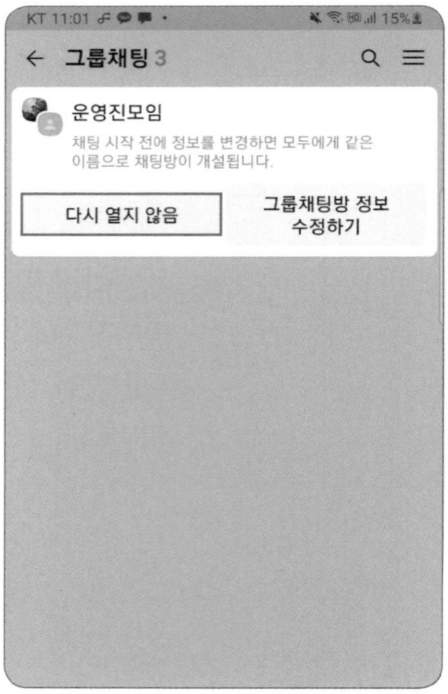

6 메시지를 입력하고 ▶[전송]을 터치합니다.

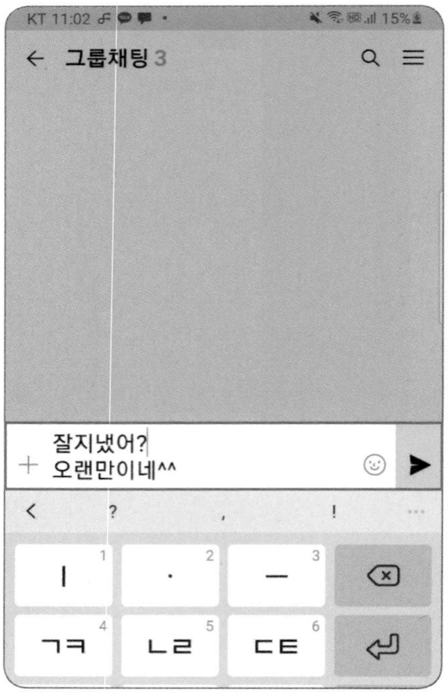

7 채팅방 목록에서 채팅방을 터치합니다.

8 특정 단어로 대화 내용을 찾으려면 [검색]을 터치합니다.

9 대화 내용에서 검색할 내용을 입력하고 키패드의 [검색]을 터치합니다.

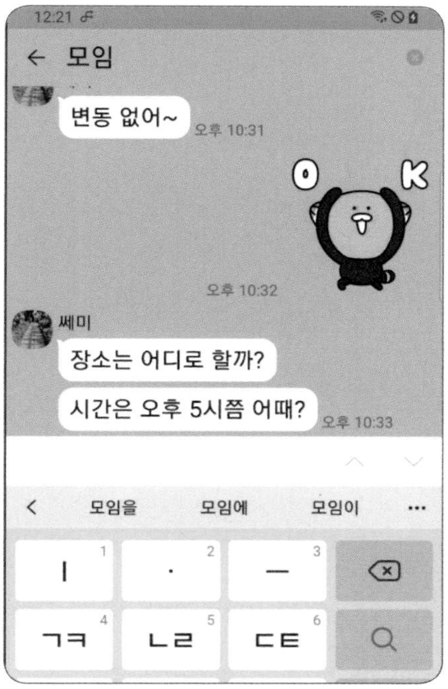

10 검색어를 포함한 가장 최근에 대화로 이동합니다.

11 '∧'를 터치하면 위로 이동하면서 검색 내용을 찾을 수 있습니다.

TIP

검색란에서 [일정]을 터치하여 날짜로 검색할 수도 있습니다. 대화한 날짜의 색이 짙은 색으로 표시되어 나타납니다.

혼자해보기

1 친구와 1:1 채팅으로 대화를 해보세요.

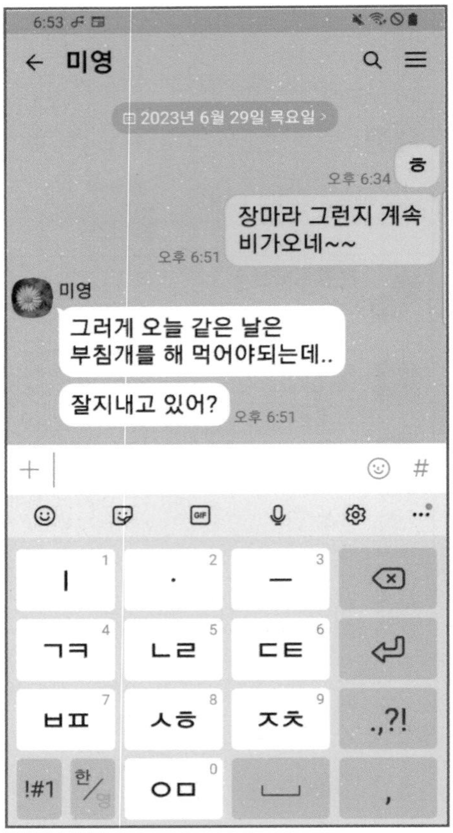

6:53
미영
2023년 6월 29일 목요일
ㅎ
오후 6:34
장마라 그런지 계속 비가오네~~
오후 6:51
미영
그러게 오늘 같은 날은 부침개를 해 먹어야되는데..
잘지내고 있어?
오후 6:51

2 친구의 질문에 답장을 입력해보세요.

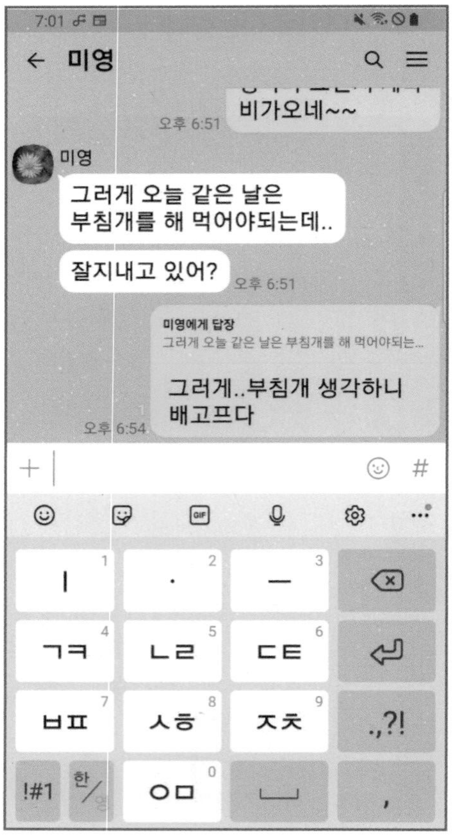

7:01
미영
비가오네~~
오후 6:51
미영
그러게 오늘 같은 날은 부침개를 해 먹어야되는데..
잘지내고 있어?
오후 6:51
미영에게 답장
그러게 오늘 같은 날은 부침개를 해 먹어야되는...
그러게..부침개 생각하니 배고프다
오후 6:54

3 친구에게 보낸 메시지를 삭제해보세요.

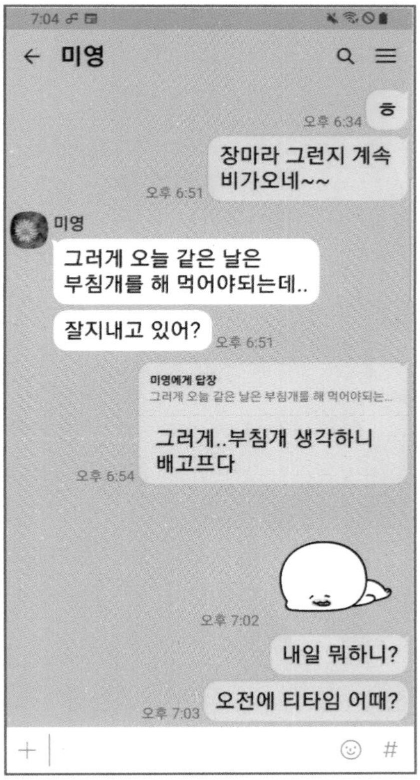
7:04
미영
ㅎ
오후 6:34
장마라 그런지 계속 비가오네~~
오후 6:51
미영
그러게 오늘 같은 날은 부침개를 해 먹어야되는데..
잘지내고 있어?
오후 6:51
미영에게 답장
그러게 오늘 같은 날은 부침개를 해 먹어야되는...
그러게..부침개 생각하니 배고프다
오후 6:54
오후 7:02
내일 뭐하니?
오전에 티타임 어때?
오후 7:03

7:04
미영
ㅎ
오후 6:34
장마라 그런지 계속 비가오네~~
오후 6:51
미영
그러게 오늘 같은 날은 부침개를 해 먹어야되는데..
잘지내고 있어?
오후 6:51
미영에게 답장
그러게 오늘 같은 날은 부침개를 해 먹어야되는...
그러게..부침개 생각하니 배고프다
오후 6:54
오후 7:02
내일 뭐하니?
삭제된 메시지입니다.
오후 7:03

4 채팅방에 친한 지인을 초대해보세요.

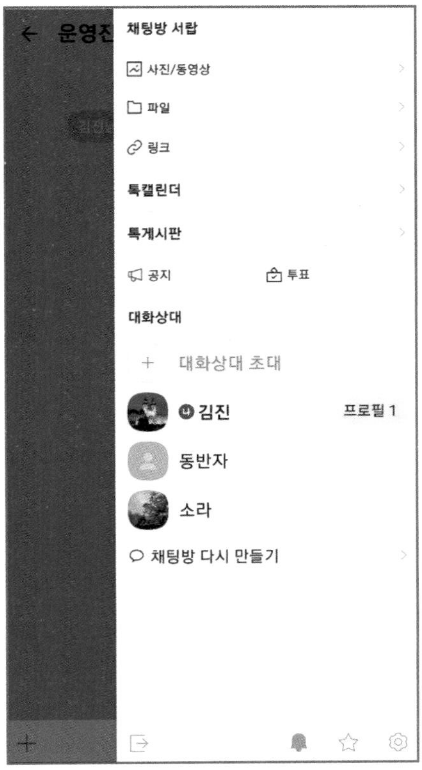
채팅방 서랍
사진/동영상
파일
링크
톡캘린더
톡게시판
공지
투표
대화상대
대화상대 초대
김진
프로필 1
동반자
소라
채팅방 다시 만들기

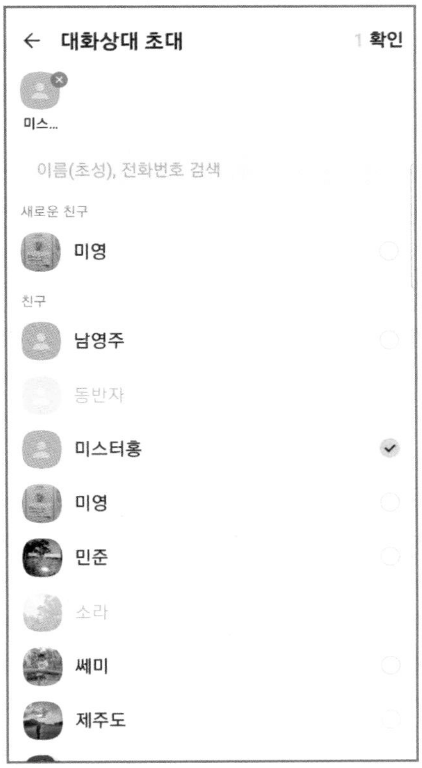
대화상대 초대
1 확인
미스...
이름(초성), 전화번호 검색
새로운 친구
미영
친구
남영주
동반자
미스터홍
미영
민준
소라
쎄미
제주도

Section
03
친구 관리하기

카카오톡 친구 등록은 연락처에 전화번호를 저장하면 자동으로 카카오톡 친구로 등록이 됩니다. 자주 연락하지 않거나, 연락처 변경으로 인하여 모르는 사람이 친구로 등록되어 있는 경우, 친구 목록에서 숨기거나, 메시지를 받지 않도록 차단할 수 있습니다.

학습내용

- 연락처로 친구를 카카오톡 친구로 등록할 수 있습니다.
- 연락을 자주 하지 않는 친구를 숨김 친구로 등록할 수 있습니다.
- 모르는 사람을 친구 차단할 수 있습니다.

01 친구 등록하기

카카오톡 앱을 설치하면 자동으로 연락처에 저장되어 있는 지인들이 카카오톡으로 등록됩니다. 추가로 연락처에 없는 지인의 전화번호나 ID로 카카오톡 친구로 추가할 수 있습니다.

TIP

상대방이 '전화번호로 친구 추가 허용'을 활성화하지 않은 경우, 연락처를 알고 있어도 친구 추가가 되지 않습니다.

1 [친구] 화면에서 [친구 추가]를 터치합니다.

2 [연락처로 추가]를 터치합니다.

3 친구 이름과 휴대폰 번호를 입력한 후, [확인]을 터치합니다.

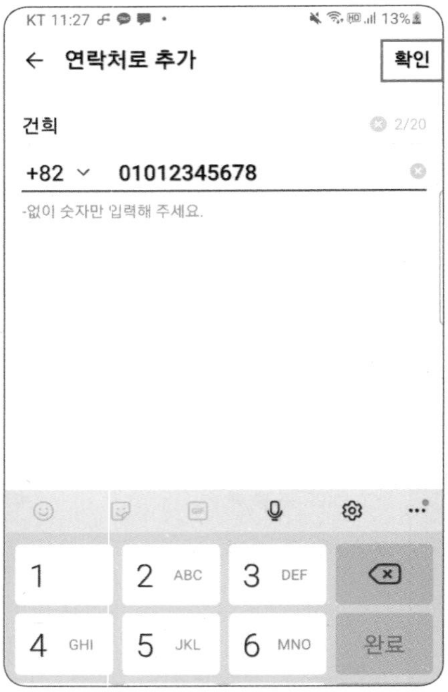

4 친구 등록이 완료되면 '←'[뒤로]를 터치합니다.

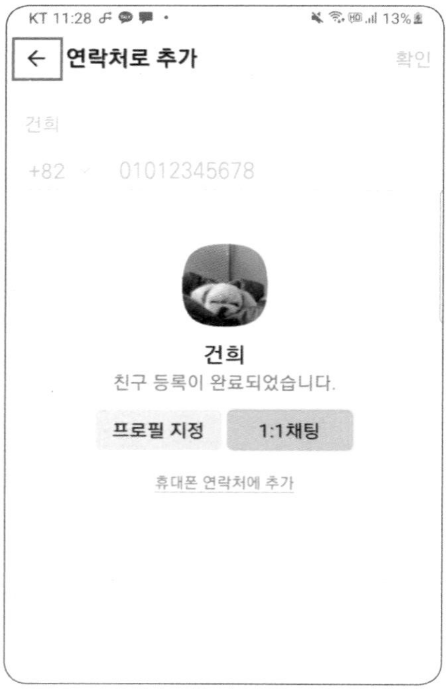

5 친구 목록에 새로운 친구로 추가한 친구가 표시됩니다.

TIP

QR 코드 : 카카오톡 프로필을 QR로 설정한 경우, 프로필의 QR을 인식하여 친구로 추가할 수 있습니다.

ID로 추가 : 카카오톡 ID로 친구를 추가할 수 있으며, 프로필 관리에서 카카오톡 ID를 만들 수 있습니다.

추천 친구 : [설정]에서 추천 친구를 허용한 경우 추천 친구 목록을 확인하여 추가할 수 있습니다.

smartphone

02 친구 관리하기

전화번호가 바뀐 친구나 모르는 사람이 친구로 등록된 경우 친구 목록에서 숨기기 할 수 있으며, 상대방으로부터 메시지를 받고 싶지 않을 때에는 차단할 수도 있습니다.

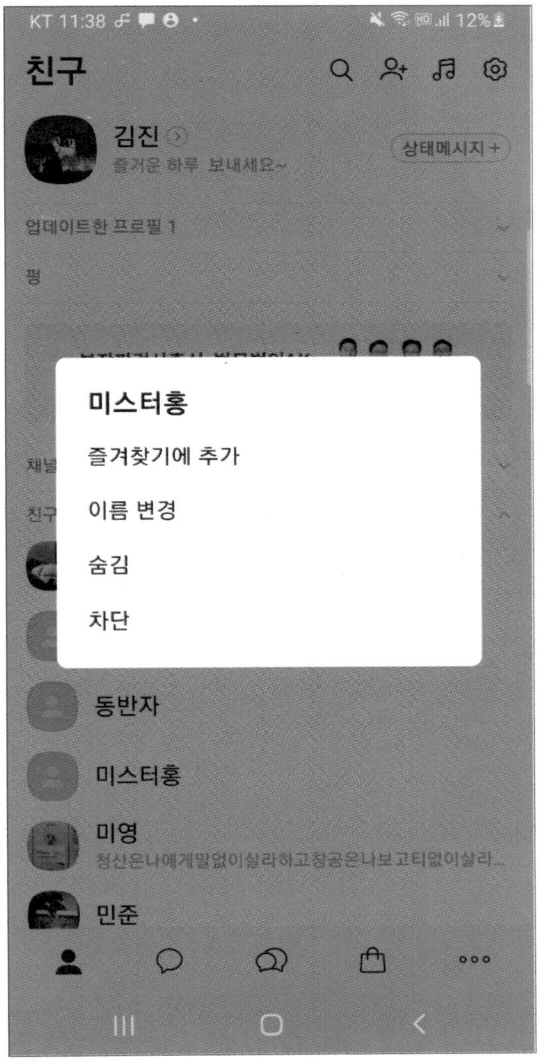

TIP

즐겨찾기에 추가 : 자주 대화하는 친구를 즐겨찾기에 추가합니다.

이름 변경 : 친구의 프로필 이름을 변경합니다.

1 자주 연락하지 않는 친구를 숨기기 위해 숨길 친구를 길게 누릅니다.

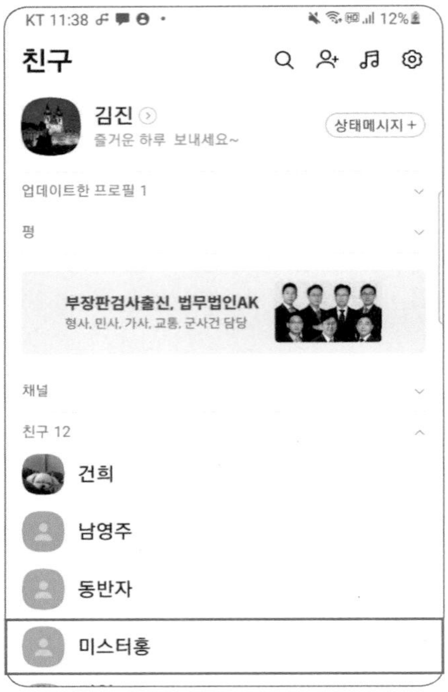

2 친구 메뉴에서 [숨김]을 터치합니다.

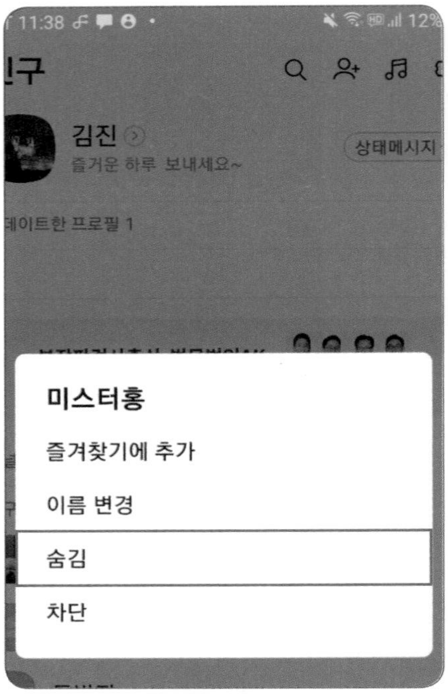

3 [친구목록에서 숨김] 창에서 [숨김]을 터치합니다.

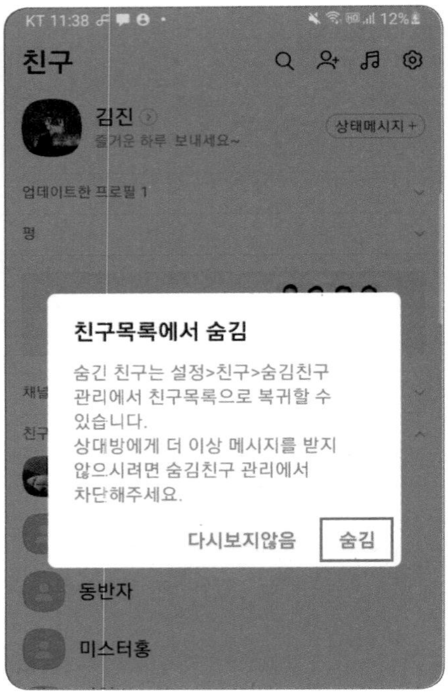

4 모르는 친구를 지우고 메시지를 차단하려면 차단할 친구를 길게 누릅니다.

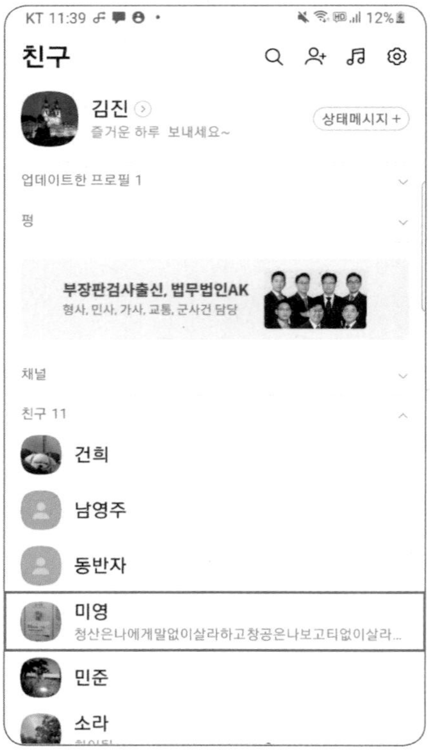

5 친구 메뉴에서 [차단]을 터치합니다.

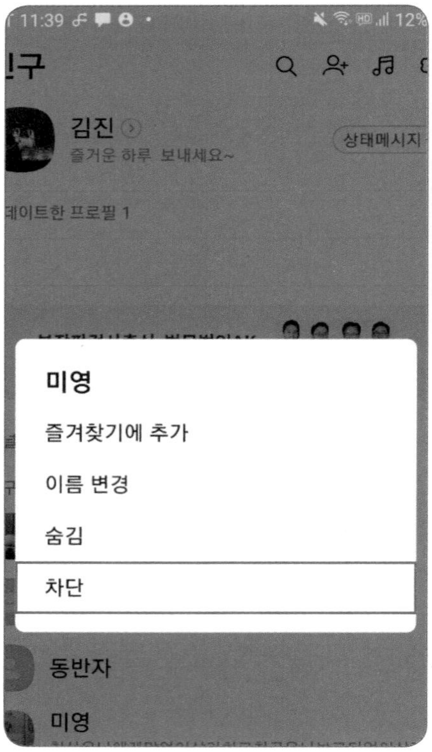

6 [친구목록에서 숨김] 창에서 [메시지 차단, 프로필 비공개]를 터치합니다.

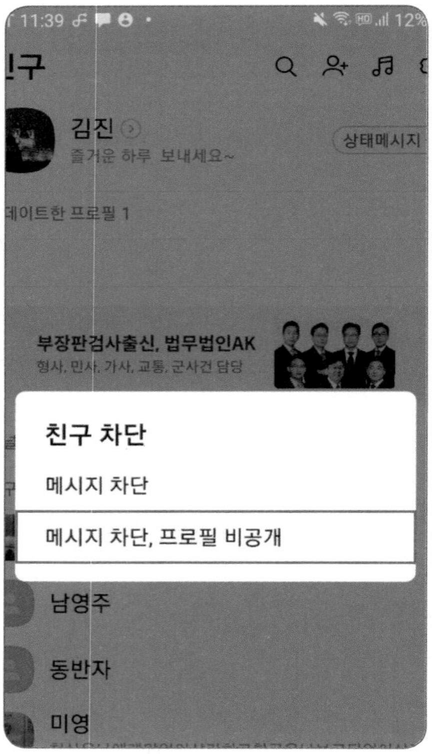

7 [친구 차단] 창에서 [차단]을 터치합니다.

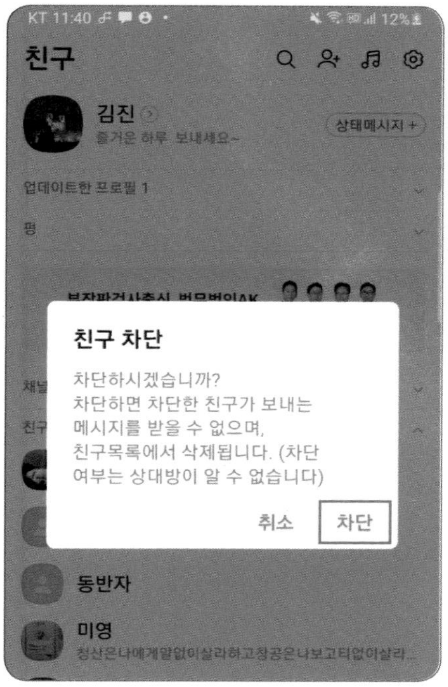

8 숨김과 차단한 친구가 친구 목록에서 사라진 것을 확인할 수 있습니다.

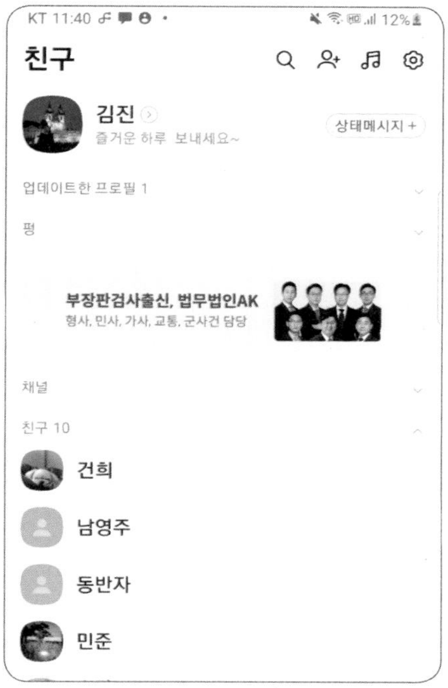

TIP

메시지 차단 : 상대방에게 메시지를 보내거나 받을 수 없습니다.

메시지 차단, 프로필 비공개 : 상대방에게 메시지 차단과 함께 나의 프로필도 비공개로 설정됩니다.

한 걸음 더!

smartphone

더보기 메뉴

친구의 프로필 화면에서 ⋮(더보기)를 터치하여 친구를 숨기거나 차단할 수 있을 뿐만 아니라 멀티프로필을 설정할 수 있습니다.

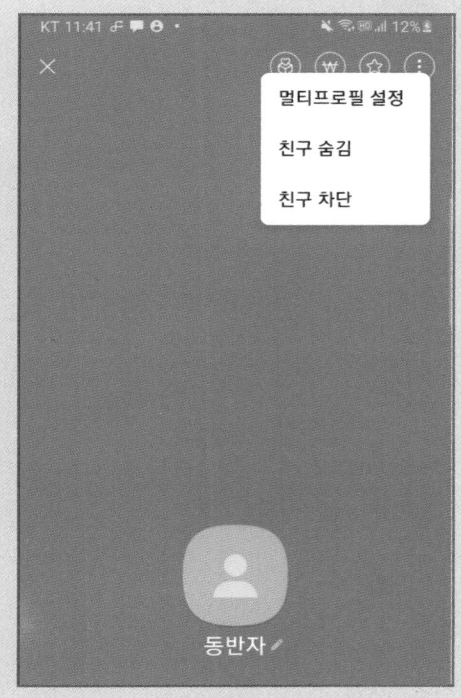

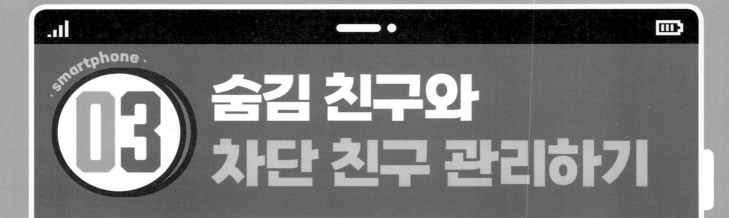

03 숨김 친구와 차단 친구 관리하기

친구 목록에서 숨김한 친구나 차단한 친구를 다시 친구 목록으로 복귀시키면 서로 메시지를 주고 받을 수 있습니다.

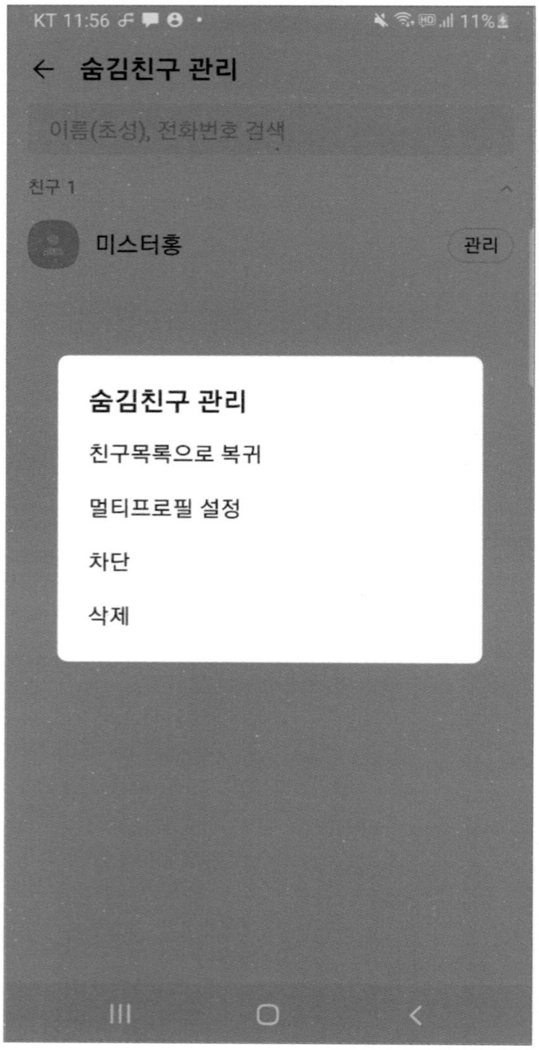

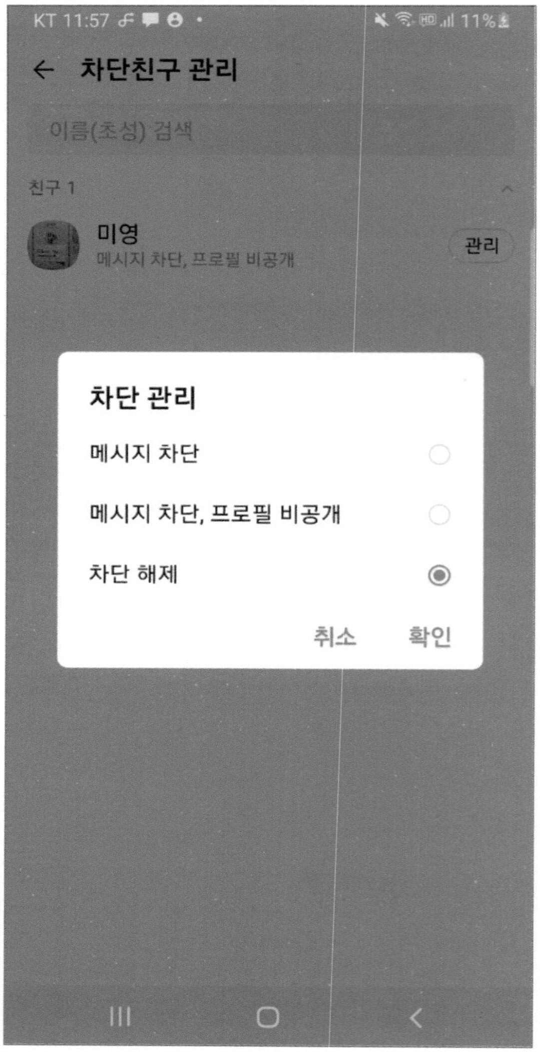

1 [친구]를 터치한 다음, [설정]을 터치합니다.

2 설정 메뉴에서 [친구 관리]를 선택합니다.

3 [친구] 설정 화면에서 [숨김친구 관리]를 터치합니다.

친구
자동 친구 추가
내 연락처에서 카카오톡을 사용하는 친구를 자동으로 친구목록에 추가합니다. 등록 가능한 친구가 최대 친구 수를 초과할 경우에는 추가되지 않습니다.
친구 목록 새로고침
최종 추가시간 9월 30일 오후 11:16
친구 추천 허용
알 수도 있는 친구를 추천받고, 나를 다른 친구에게 추천해줍니다.
전화번호로 친구 추가 허용
내 전화번호를 알고 있는 사용자가 나를 전화번호로 친구 추가하는 것을 허용합니다.
친구 이름 동기화
카카오톡 앱의 친구 이름을 다른 기기나 카카오 게임 등에서도 동일하게 보여줍니다.
친구 관리
숨김친구 관리
차단친구 관리

4 [숨김친구 관리] 화면에서 숨겨진 친구의 [관리]를 터치합니다.

5 [숨김친구 관리] 메뉴에서 [친구목록으로 복귀]를 터치합니다.

6 [숨김친구 관리] 화면에서 '←'[뒤로]를 터치합니다.

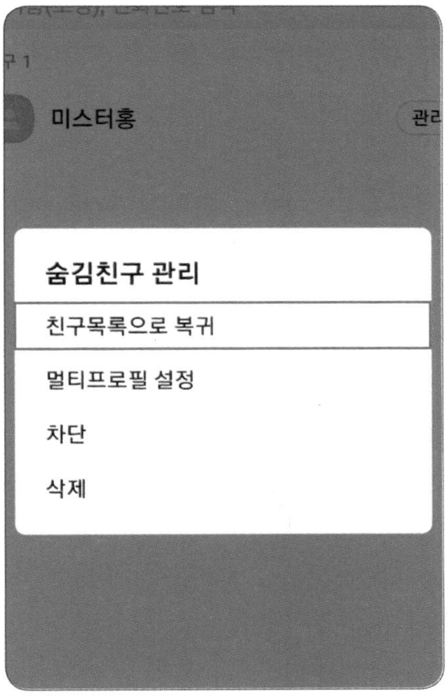

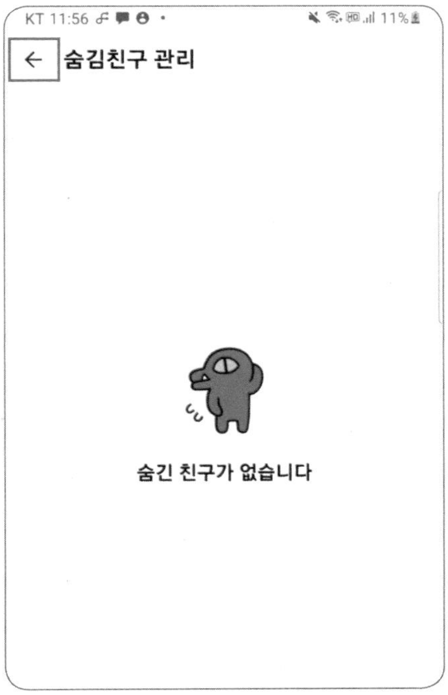

7 차단 친구를 복구하려면 [차단 친구 관리]를 터치합니다.

8 [차단친구 관리] 화면에서 차단 해제할 친구의 [관리]를 터치합니다.

9 [차단 관리] 메뉴에서 [차단 해제]를 선택한 다음, [확인]을 터치합니다.

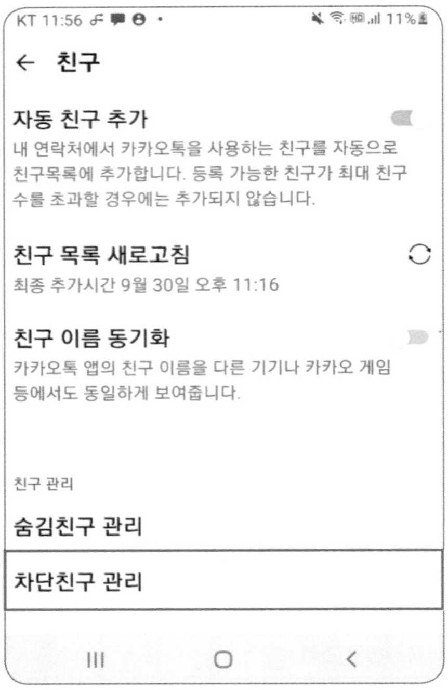

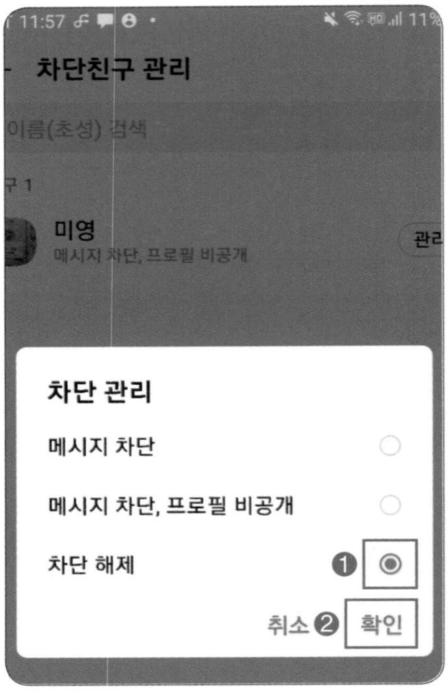

10 차단을 해제한 친구를 친구로 추가할 것인지 묻는 창에서 [취소]를 터치하면 친구 차단은 해제하지만 친구 목록에는 등록되지 않습니다.

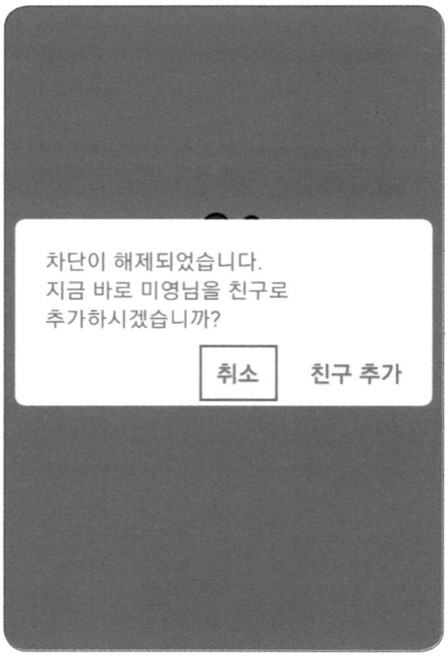

TIP

'자동 친구 추가'가 활성화되어 있는 경우 연락처에 전화번호를 저장하면 새로운 친구로 자동 등록됩니다. 연락처에 저장되는 지인이 카카오톡 친구로 자동으로 등록되지 않게 하려면 전화번호를 저장할 때 '#' 기호를 붙인 후 이름을 입력하면 카카오톡 친구로 자동 추가되지 않습니다.

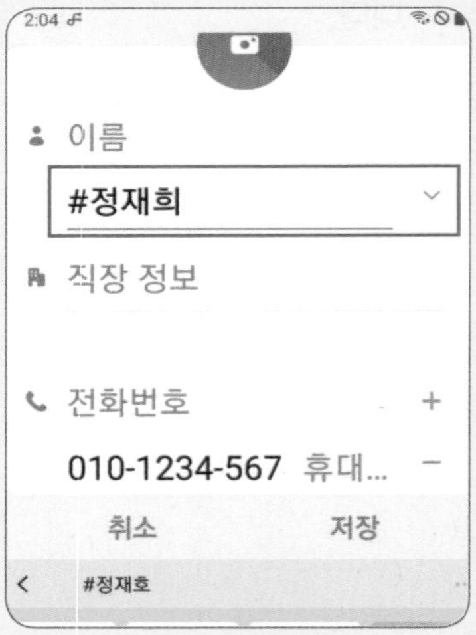

한걸음 더!

smartphone

자주 찾는 친구 즐겨찾기에 추가하기

❶ 즐겨찾기에 추가할 친구를 길게 누른 다음, [즐겨찾기에 추가]를 터치합니다.

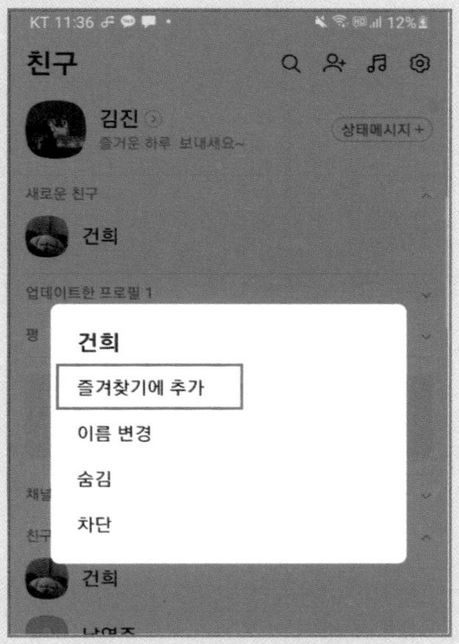

❷ 즐겨찾기 목록에 추가된 것을 확인할 수 있습니다.

❸ 즐겨찾기를 해제하려면 즐겨찾기에 등록된 친구를 길게 눌러 [즐겨찾기 해제]를 터치합니다.

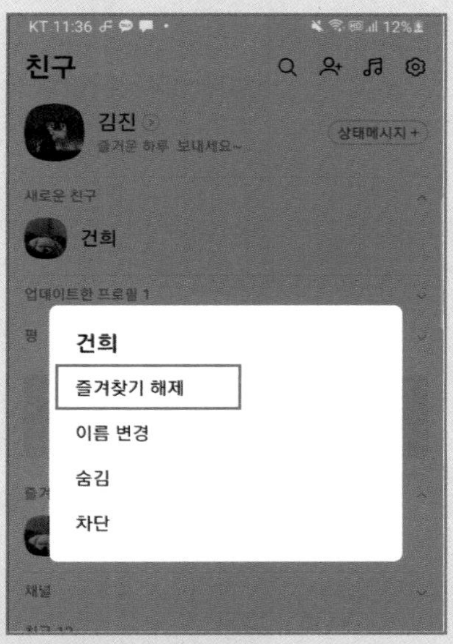

친구 설정 화면 살펴보기

- 자동 친구 추가 : 연락처에 저장된 친구 중 카카오톡을 사용하는 친구를 자동으로 친구 목록에 추가합니다.
- 친구 목록 새로고침 : 친구 목록을 새로고침하여 연락처에 등록된 친구 중 카카오톡을 사용하는 친구를 추가합니다.
- 친구 추천 허용 : 알 수도 있는 친구를 추천받고, 나를 다른 친구에게 추천합니다.
- 전화번호로 친구 추가 허용 : 상대방이 내 전화번호로 나를 친구로 등록하거나, 내 전화번호를 연락처에 저장한 후 자동 친구 추가를 하지 못하도록 할 수 있습니다.
- 친구 이름 동기화 : 카카오톡의 친구 이름을 다른 기기나 카카오게임 등에서도 동일한 이름으로 표시합니다.
- 생일인 친구 보기 : 등록된 친구 중에 생일인 친구를 보여줍니다.
- 업데이트한 친구 보기 : 친구 목록에서 프로필을 업데이트한 친구를 모아서 보여줍니다.
- 기억할 친구 보기 : 등록된 친구 목록에서 추모 프로필로 전환된 친구를 보여줍니다.

혼자해보기

1 친한 친구나 지인의 연락처를 이용하여 친구로 등록해보세요.

2 자주 연락하지 않는 친구를 친구 목록에서 숨겨보고, 숨긴 친구를 다시 친구 목록에 표시해보세요.

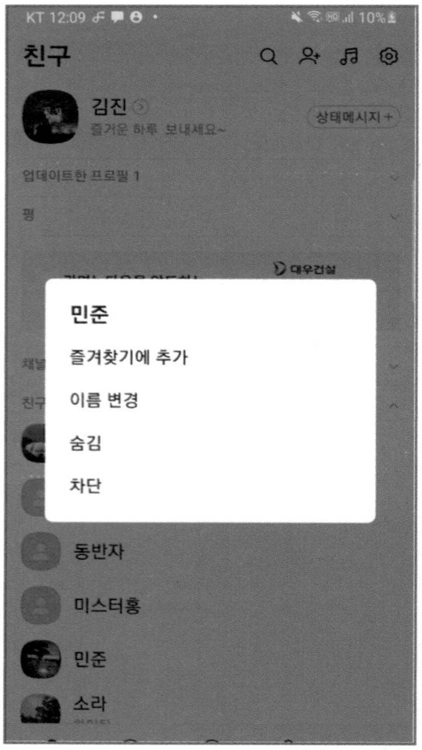

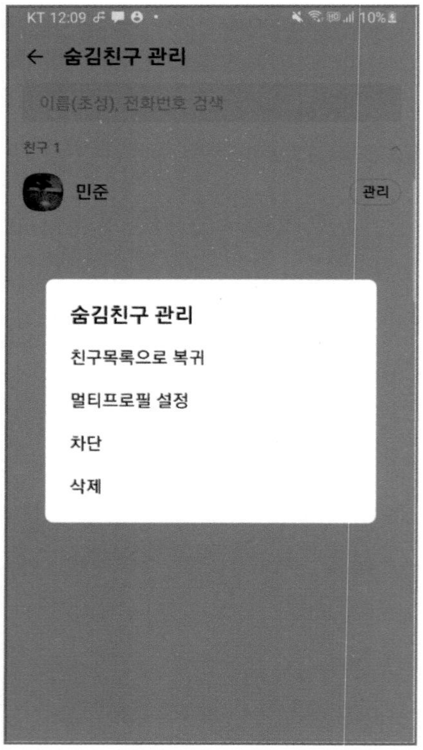

3 모르는 사람을 친구 목록에서 차단하고, 차단 친구에서 확인해보세요.

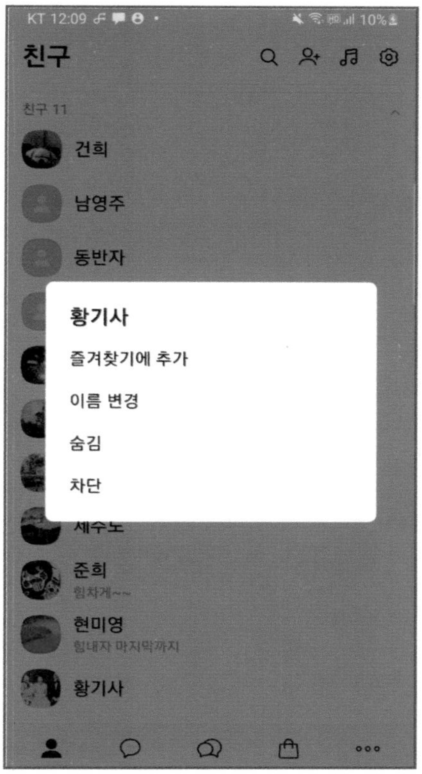

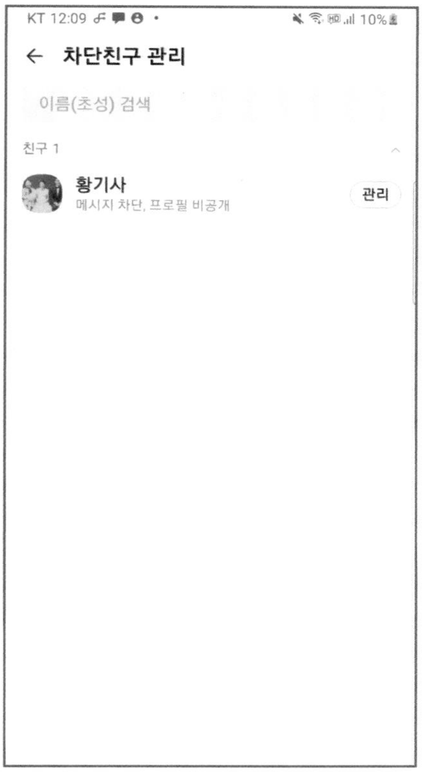

4 자주 연락하는 지인을 즐겨찾기로 등록해보세요.

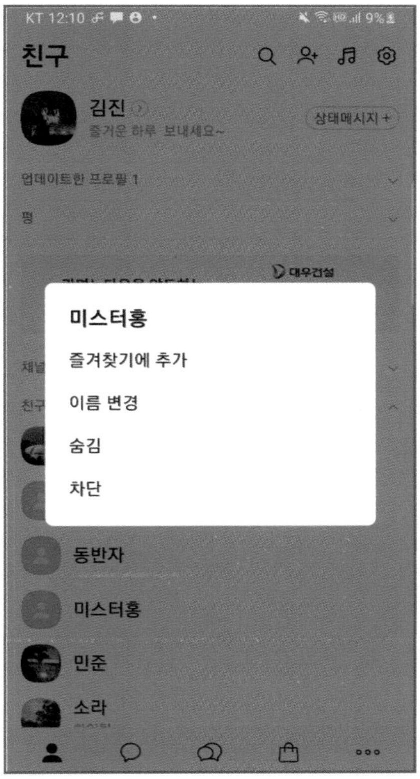

Section 04

자료 공유하기

카카오톡을 이용하면 대화뿐만 아니라 사진, 연락처, 지도 등의 자료를 쉽게 공유하거나 상대방으로부터 공유 받은 자료를 다운로드하여 저장할 수 있습니다.

학습내용

- ✓ 채팅방에 사진을 공유할 수 있습니다.
- ✓ 지인의 연락처를 공유할 수 있습니다.
- ✓ 약속 장소나 특정 맛집 정보를 공유할 수 있습니다.

smartphone

01 사진 보내기와 받기

채팅방에 스마트폰에 저장되어 있는 사진을 공유하여 지인들과 함께 볼 수 있으며, 원본 화질로도 공유할 수도 있습니다.

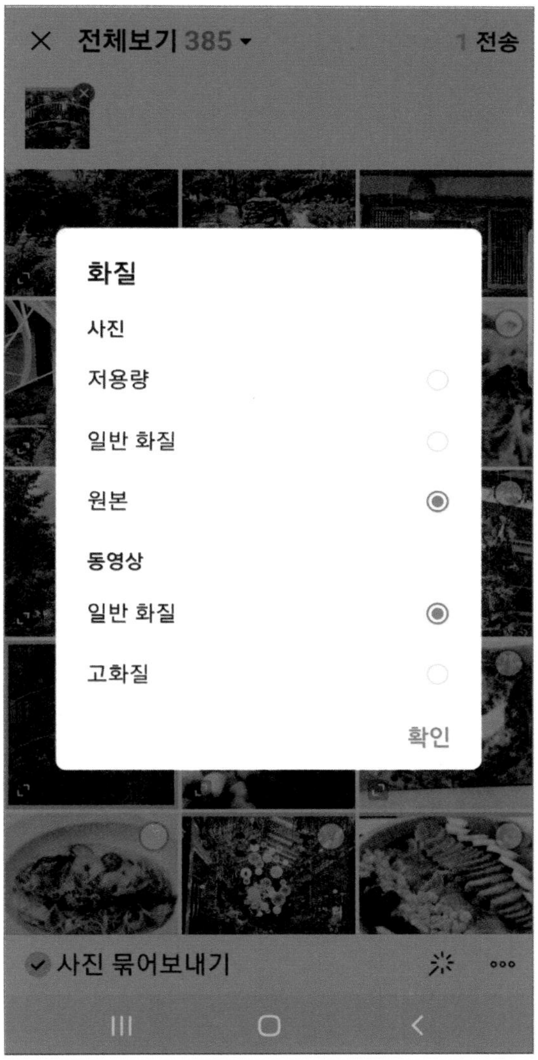

TIP

음성 메시지는 5분, 동영상의 경우 최대 300 MB까지 전송할 수 있으며, 최대 30장의 사진을 하나의 말풍선으로 묶어서 전송할 수 있습니다.

❶ [친구]를 터치한 후, 사진을 보낼 친구를 터치합니다.

❷ 선택한 친구의 프로필 화면에서 [1:1채팅]을 터치합니다.

❸ 사진을 전송하기 위해 메시지 입력란에 + [추가]를 터치합니다.

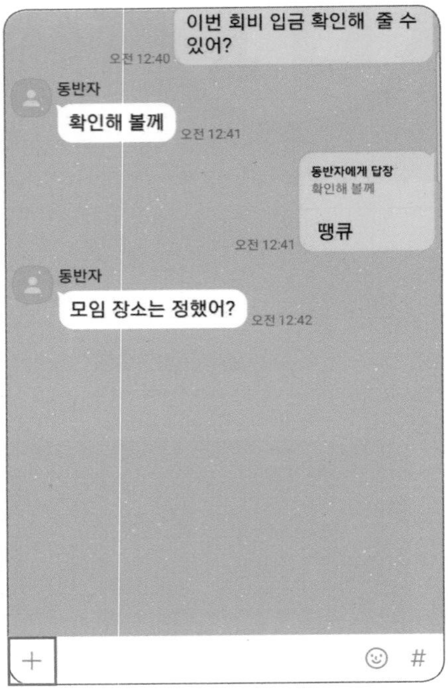

❹ [앨범]을 터치합니다.

❺ 전체 사진을 보기 위해 [전체]를 터치합니다.

❻ 전송할 사진을 선택한 후, 화질을 설정하기 위해 ••• [더보기]를 터치합니다.

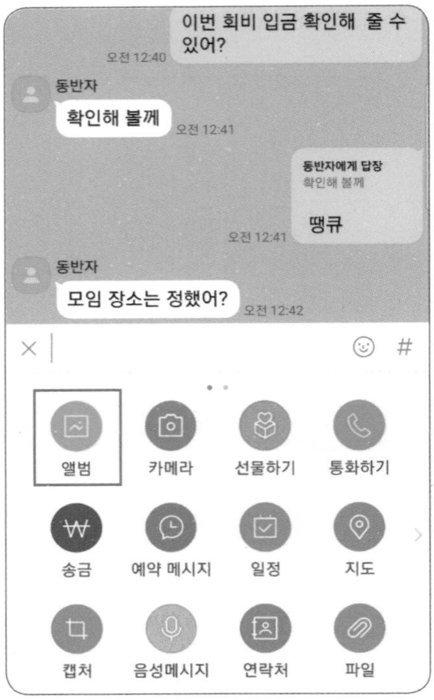

7 [화질] 창에서 '원본'을 선택하고 [확인]을 터치합니다.

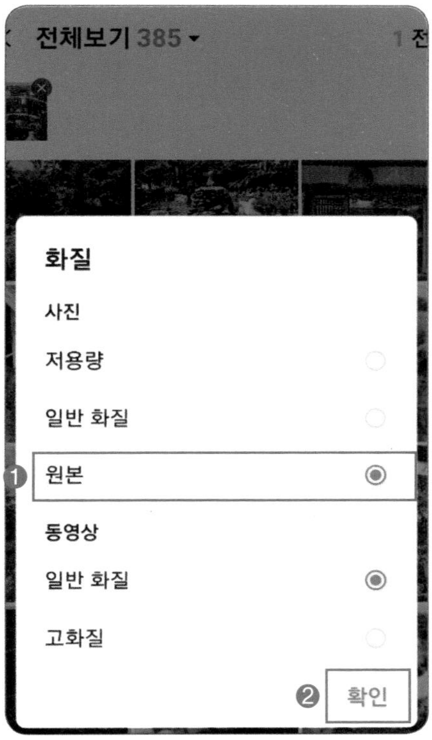

8 [전송]을 터치합니다.

9 메시지 입력란에 + [추가]를 터치합니다.

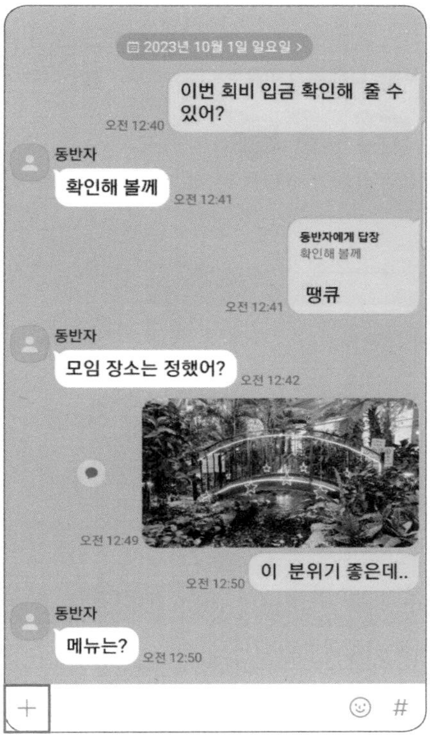

10 [앨범]을 터치합니다.

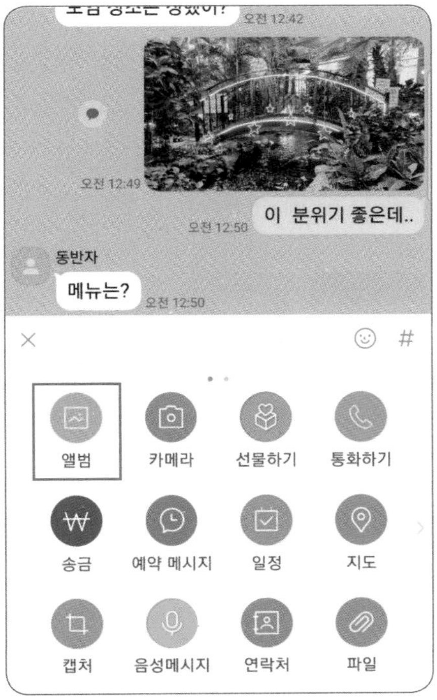

11 전체 사진을 보기 위해 [전체]를 터치합니다.

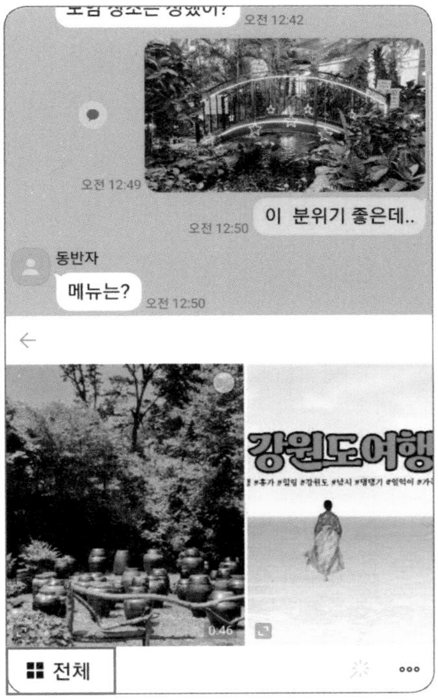

12 보낼 사진을 여러장 선택합니다.

13 사진을 모두 선택했으면 '사진 묶어보내기'를 선택한 후 [전송]을 터치합니다.

14 다음과 같이 여러 장의 사진이 말풍선 형태로 묶어서 전송됩니다.

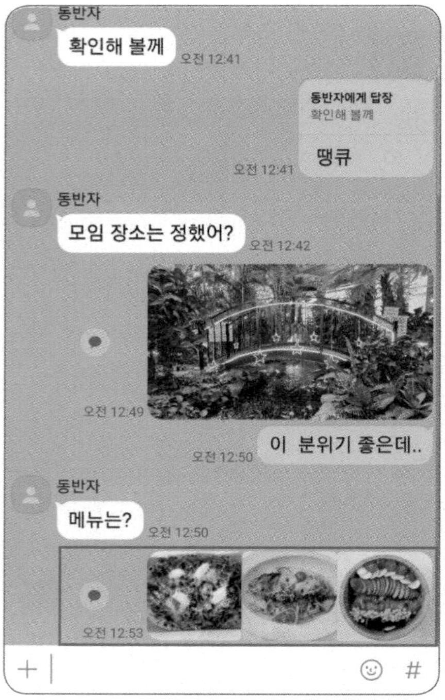

15 친구가 보내온 사진을 저장하려면 채팅 방에서 보내온 사진을 터치합니다.

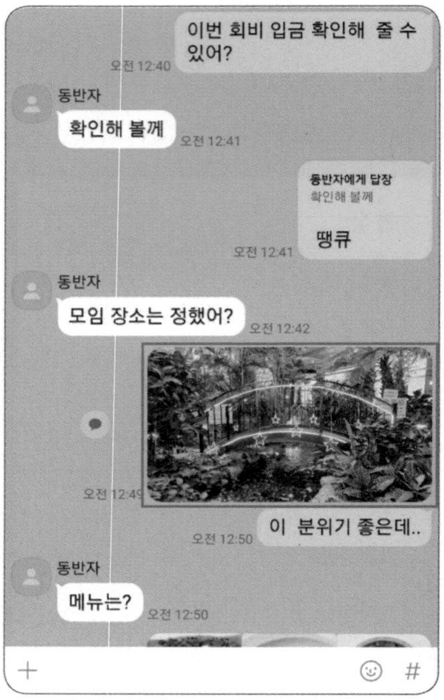

16 전체 화면이 나타나면 [다운로드]를 터치합니다.

TIP

묶은 사진 다운로드 받기

전송 받은 묶은 사진을 터치하여 전체 화면에서 [다운로드]를 터치하면 보이는 사진만 저장할 것인지 묶음 사진 전체를 저장할 것인지 선택할 수 있습니다. 카카오톡에서 다운로드 받은 사진은 [갤러리]의 [KakaoTalk] 앨범에 다운로드 됩니다.

02 연락처 보내기

내 연락처에 저장되어 있는 친구의 연락처를 대화방에 공유할 수 있으며, 공유 받은 연락처를 내 연락처에 저장할 수도 있습니다.

TIP

채팅방에서 전송받은 연락처의 [자세히 보기]를 터치하여 연락처를 저장할 수 있습니다.

1 연락처를 공유하고 싶으면 ＋[추가]를 터치합니다.

2 [연락처]를 터치합니다.

3 [연락처] 창에서 [연락처 보내기]를 터치합니다.

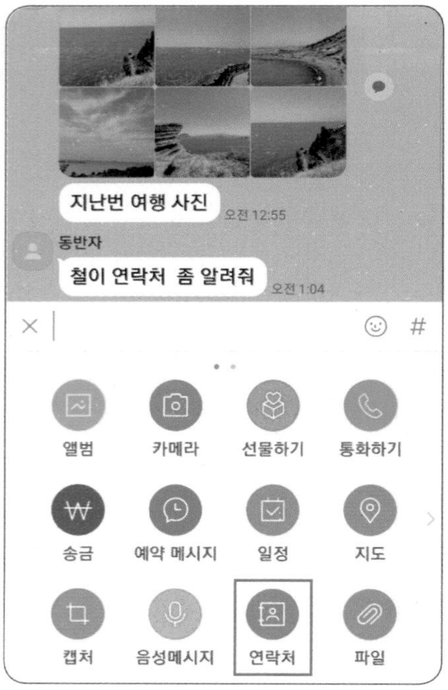

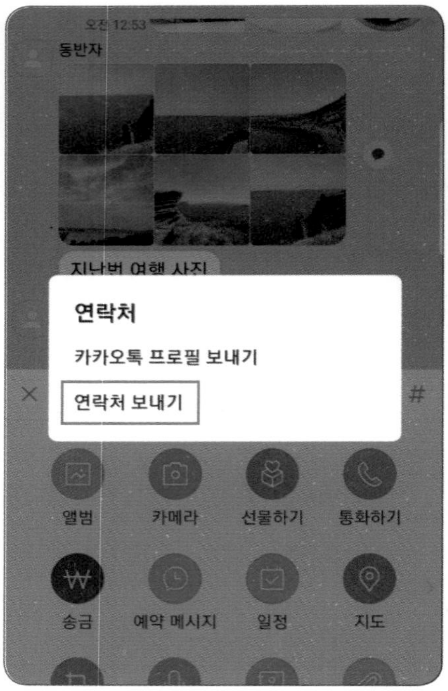

4 [연락처 선택] 화면에서 전송할 연락처를 선택합니다.

5 [미리보기] 화면에서 공유할 연락처를 확인한 후, [전송]을 터치합니다.

6 다음과 같이 연락처가 전송됩니다.

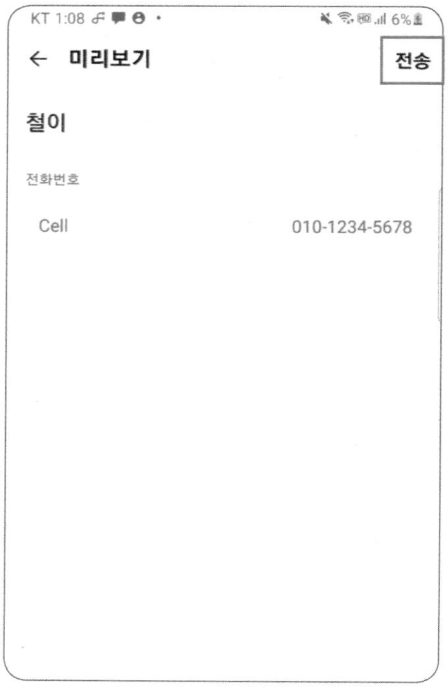

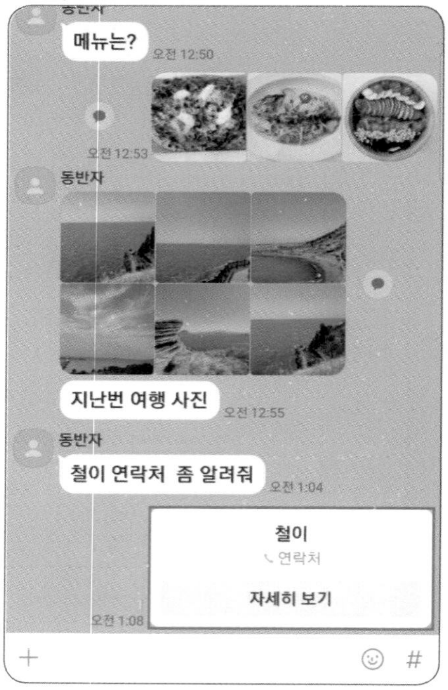

03 지도 공유하기

모임 장소나 특정 위치 정보를 카카오톡 대화방에 공유할 수 있습니다.

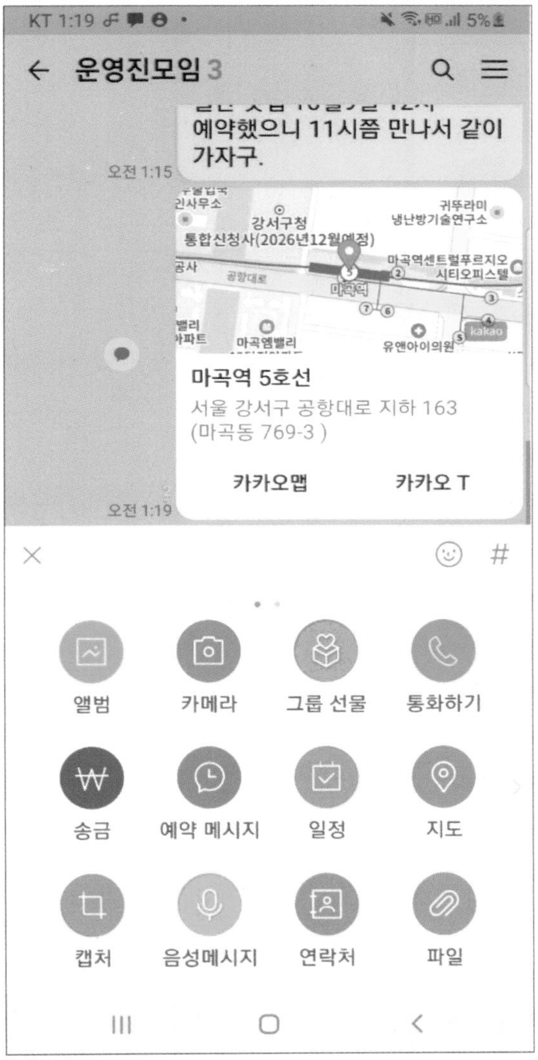

TIP

카카오맵이나 카카오T 앱과 연결되어 공유된 위치를 찾아가는 방법을 알아볼 수 있습니다.

1 지도를 공유하기 위해 + [추가]를 터치합니다.

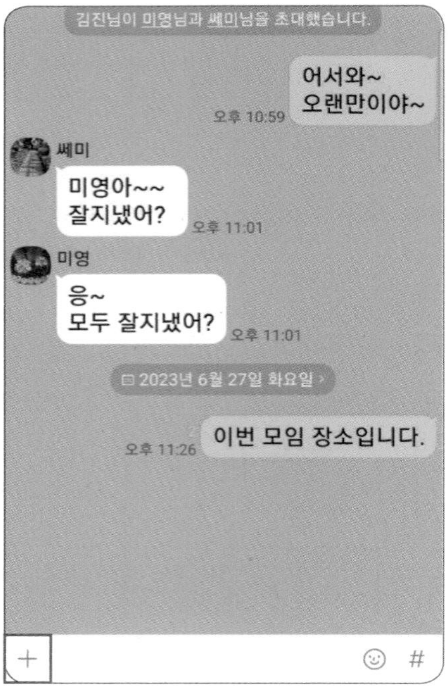

2 [지도]를 터치합니다.

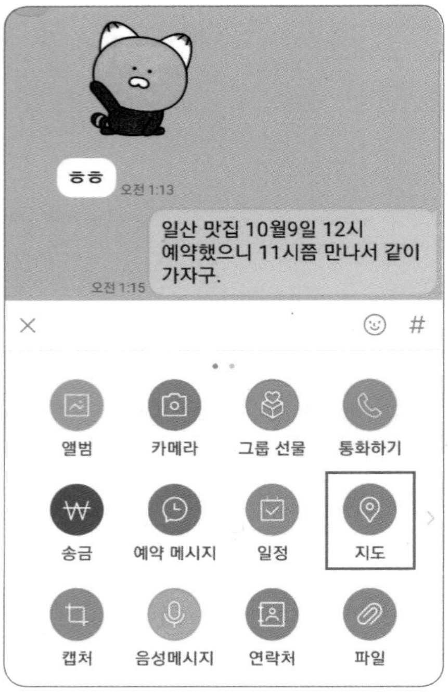

3 [지도] 화면에서 전송할 위치의 주소나 장소명을 입력합니다.

4 검색된 장소의 [위치정보 보내기]를 터치합니다.

5 다음과 같이 위치 정보가 전송됩니다.

한걸음 더!

smartphone

추가 메뉴

채팅방의 + [추가]를 터치하면 다양한 자료를 공유할 수 있습니다.

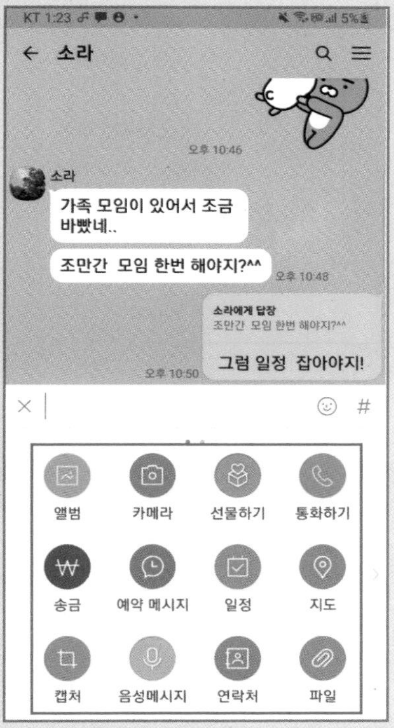

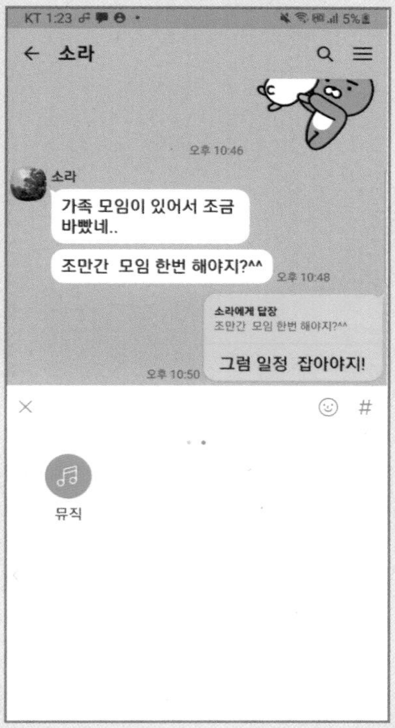

- 앨범 : 스마트폰에 저장되어 있는 사진을 공유할 수 있습니다.
- 카메라 : 카메라로 사진이나 동영상을 촬영하여 공유할 수 있습니다.
- 선물하기 : 친구에게 선물을 보낼 수 있습니다.
- 통화하기 : 음성(보이스톡)이나 영상(페이스톡)으로 통화를 할 수 있습니다.
- 송금 : 채팅방에 참여한 친구에게 송금을 하거나 송금을 요청할 수 있을 뿐만아니라, 단체 회식비를 n/1로 정산할 수 있습니다.
- 예약 메시지 : 특정 일자에 메시지를 보낼 수 있도록 예약을 할 수 있습니다.
- 일정 : 일정을 공유할 수 있습니다.
- 지도 : 모임이나 회의 장소를 공유할 수 있습니다.
- 캡처 : 대화 화면을 캡처하여 공유할 수 있습니다.
- 음성메시지 : 음성으로 녹음한 내용을 공유할 수 있습니다.
- 연락처 : 스마트폰에 저장되어 있는 연락처를 공유할 수 있습니다.
- 파일 : 스마트폰에 저장되어 있는 파일을 공유할 수 있습니다.
- 뮤직 : 멜론과 연동하여 카카오톡에서 음악을 들으면서 채팅을 즐길 수 있습니다.

혼자해보기

1 지인에게 나의 연락처를 공유해보세요.

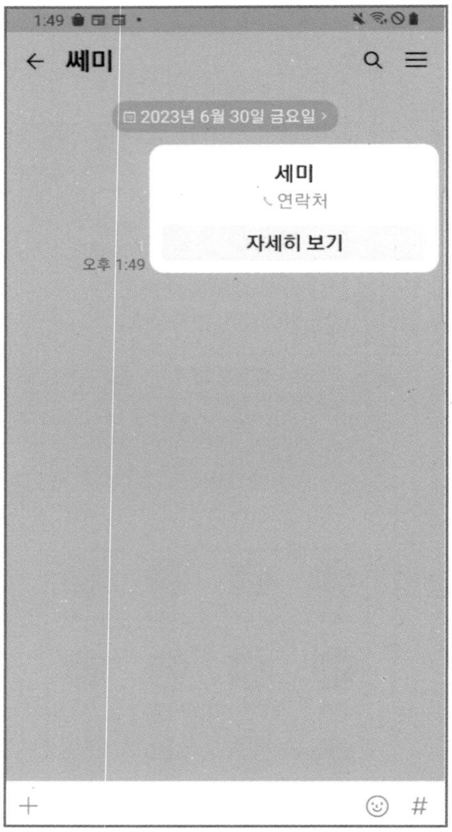

2 여러 장의 사진을 하나로 묶어서 친구에게 공유해보세요.

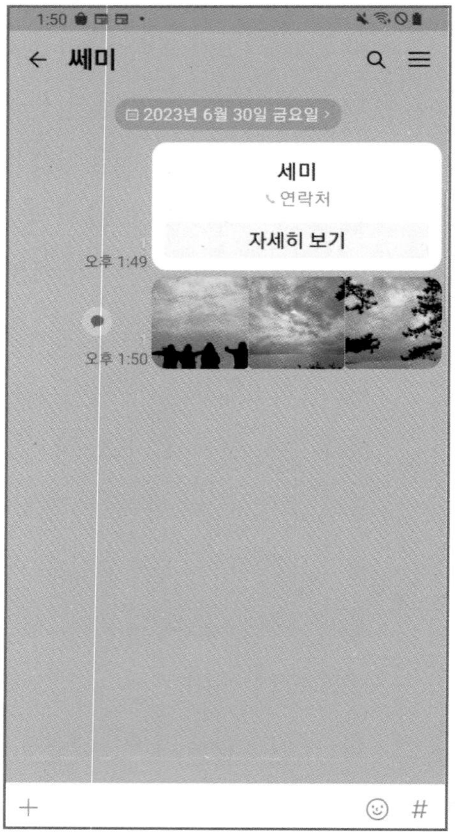

3 친구에게 받은 사진을 다운로드 해보세요.

1:51
쎄미
2023년 6월 30일 금요일
세미
연락처
자세히 보기
오후 1:49
오후 1:50
쎄미
오후 1:51

쎄미
2023. 6. 30. 오후 1:51
2장 중 2번

4 '인천대공원'의 위치 정보를 지인한테 공유해보세요.

1:53
지도
인천대공원
위치정보 보내기
인천대공원
검색 결과 15
인천대공원
인천 남동구 무네미로 236 (장수동 753)
인천대공원 제1주차장
인천 남동구 무네미로 238 (장수동 산 78)
인천대공원 너나들이캠핑장
인천 남동구 장수동 456
인천대공원 정문
인천 남동구 장수동 425

1:53
쎄미
오후 1:51
인천대공원
인천 남동구 무네미로 236
(장수동 753)
카카오맵
카카오 T
오후 1:53
앨범
카메라
선물하기
통화하기
송금
예약 메...
일정
지도

Section 05

채팅방 관리하기

여러 명이 대화하는 단체방에 새로운 글이 올라올 때마다 울리는 알람음을 차단할 수 있습니다. 또한 채팅방 나가기로 채팅을 종료할 수 있을 뿐만아니라, 상대방 모르게 조용히 채팅방을 나갈 수도 있습니다.

학습내용

- ✓ 채팅방의 이름을 변경할 수 있습니다.
- ✓ 채팅방 알림음을 다양하게 변경할 수 있습니다.
- ✓ 톡 게시판에서 채팅방 사진이나 동영상을 삭제하여 용량을 관리할 수 있습니다.
- ✓ 채팅방 알림을 무음으로 설정하거나, 조용히 나가기로 채팅방에서 나가기 한 것을 모르게 할 수 있습니다.

smartphone 01 채팅방 이름 변경하기

참여 중인 채팅방 프로필 사진을 커스텀 프로필로 특색있게 설정할 수 있으며, 채팅방의 이름을 참여자나 목적에 따라 의미있게 변경하여 보다 효율적으로 채팅방을 관리할 수 있습니다.

TIP

[홈 화면에 바로가기 추가]를 터치하면 스마트폰 홈 화면에 채팅방을 빠르게 들어올 수 있는 아이콘이 추가됩니다.

1 채팅방 목록에서 이름을 변경할 단체 채팅방을 터치합니다.

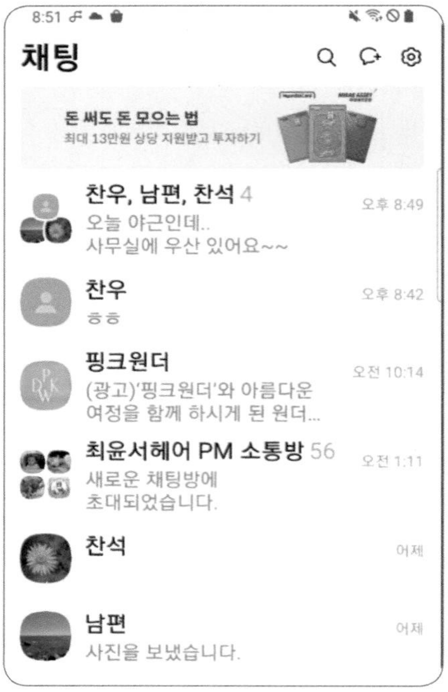

2 채팅방에서 ☰ [채팅방 서랍]을 터치합니다.

3 [채팅방 서랍] 메뉴에서 ⚙ [설정]을 터치합니다.

4 채팅방 프로필을 변경하기 위해 📷 [카메라]를 터치합니다.

5 [프로필 사진 등록] 화면에서 [커스텀 프로필 만들기]를 터치합니다.

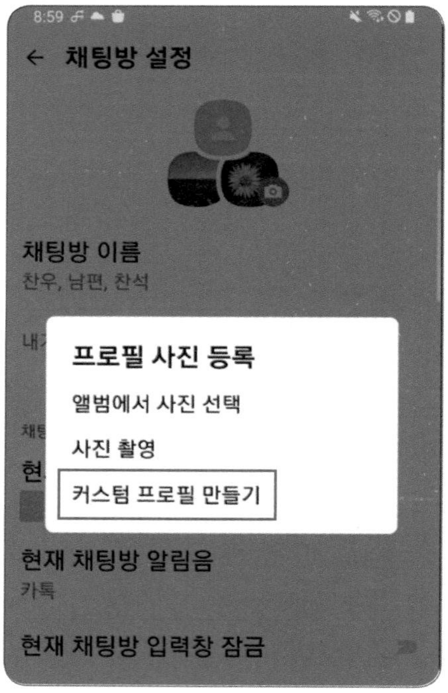

6 [커스텀 프로필 만들기] 화면에서 원하는 이모티콘을 선택합니다.

7 [색상]을 터치하여 배경색을 선택합니다.

8 프로필 이름을 입력하고 [확인]을 터치합니다.

9 채팅방 이름을 변경하기 위해 채팅방 이름을 터치합니다.

10 [채팅방 이름] 화면에서 방 이름을 입력하고 [확인]을 터치합니다.

11 [채팅방 설정] 화면에서 '←'[뒤로]를 터치합니다.

12 채팅방의 프로필과 이름이 변경된 것을 확인할 수 있습니다.

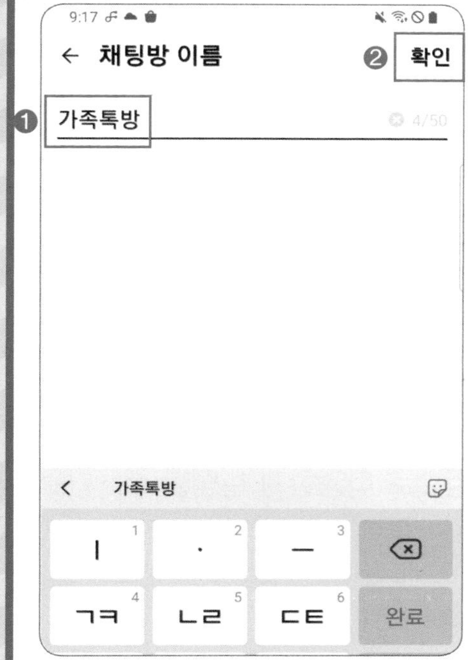

02 채팅방 알림음 변경하기

카카오톡의 새로운 메시지가 도착할 때마다 울리는 기본 알림음은 모든 채팅방에 동일하게 적용됩니다. 이때 각 채팅방의 알림음을 개별적으로 설정하면 어떤 채팅방에서 메시지를 보냈는지 쉽게 구분할 수 있어 편리합니다.

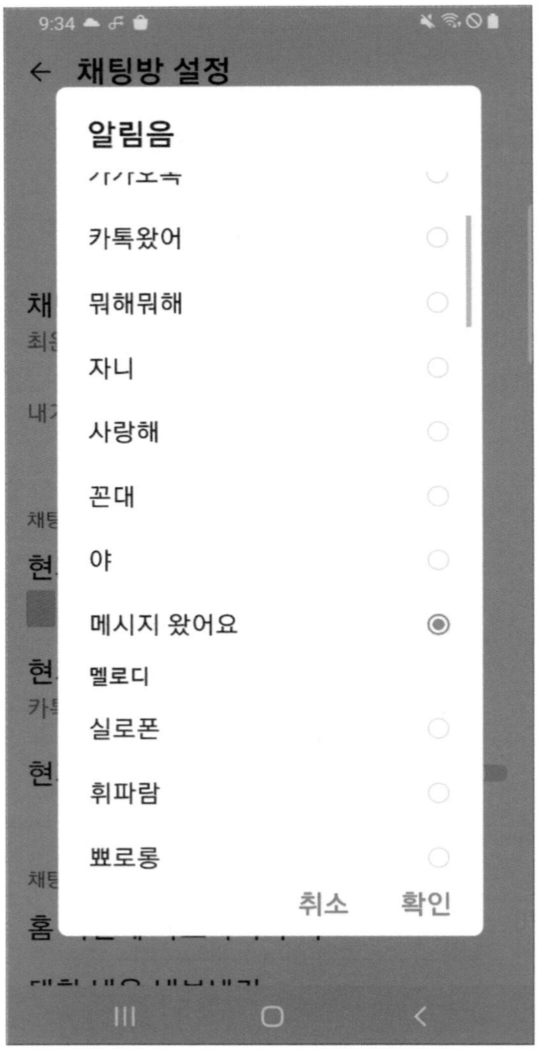

TIP

알림음은 보이스(목소리), 멜로디, 생활음, 시스템 알림음 등으로 다양하게 설정할 수 있습니다.

1 채팅방 목록에서 알림음을 변경할 채팅방을 선택합니다.

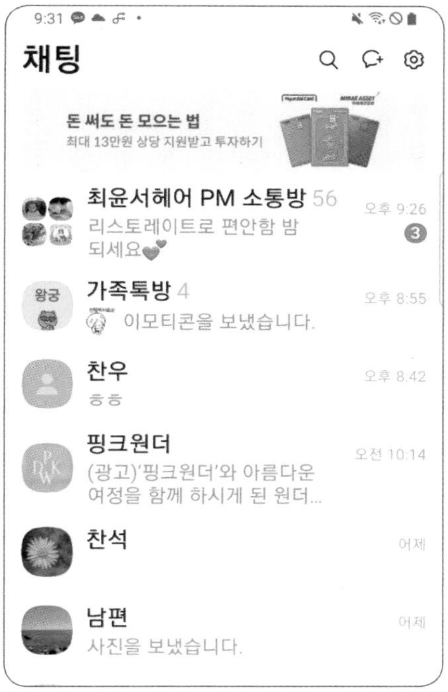

2 채팅방에서 ☰[채팅방 서랍]를 터치합니다.

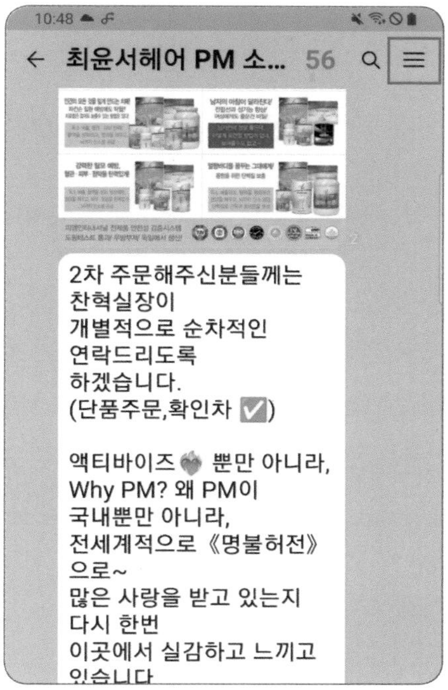

3 채팅방 서랍 메뉴에서 ⚙[설정]을 터치합니다.

4 [채팅방 설정] 화면에서 [현재 채팅방 알림음]을 터치합니다.

5 [알림음] 화면에서 원하는 알림음을 터치한 다음, [확인]을 터치합니다.

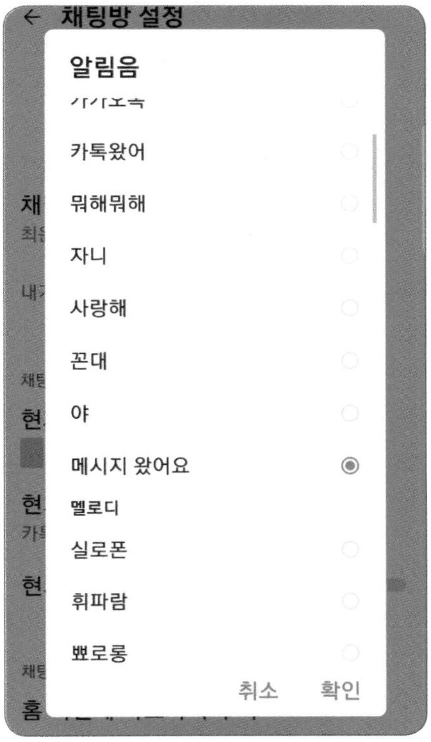

TIP

[채팅방 설정] 화면에서 [현재 채팅방 배경화면]을 터치하면 채팅방의 배경을 색상, 일러스트, 앨범 사진 등으로 꾸밀 수 있습니다.

03 알림 끄기와 방 나가기

카카오톡을 사용하다 보면 메시지가 올 때마다 울리는 알람 소리나, 진동이 방해가 될 수 있습니다. 이때 채팅방에 메시지가 도착했을 때 소리나 진동이 울리지 않도록 설정할 수 있으며, 또한 더 이상 관심이 없어진 채팅방에서 나올 수 있습니다. 채팅방을 나오면 채팅방의 모든 대화와 파일이 삭제되며, 다시 채팅방에 들어가도 대화는 복구되지 않습니다.

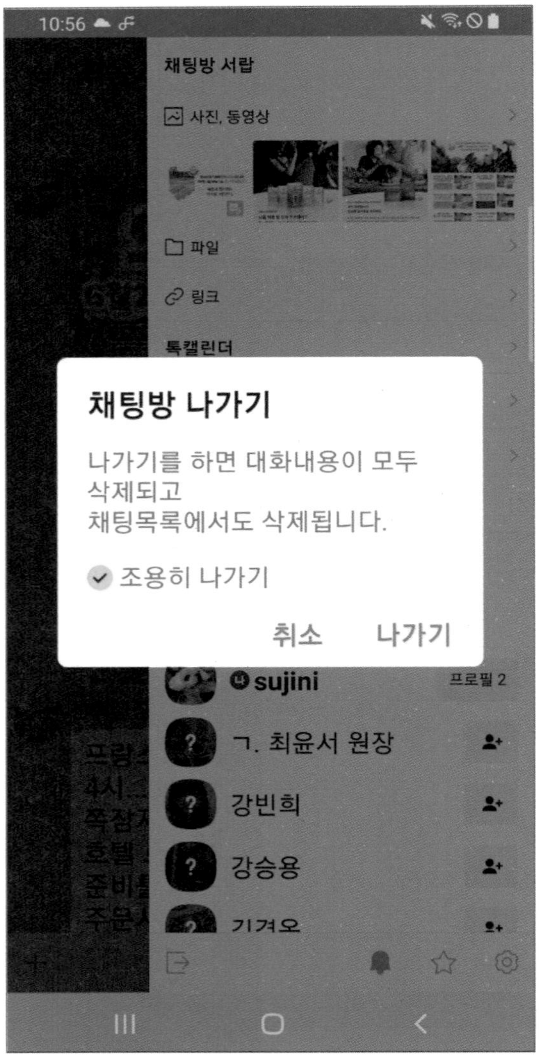

TIP

나가기와 조용히 나가기 하기

채팅방 나가기로 나오는 경우 채팅방에 '○○님이 나가셨습니다'라는 메시지가 표시되어 상대방이 내가 나갔는지 알 수 있으나, 조용히 나가기는 상대방이 내가 방을 나갔는지 알 수 없습니다.

1 알림음을 차단할 채팅방을 길게 눌러 [채팅방 알림 끄기]를 터치합니다.

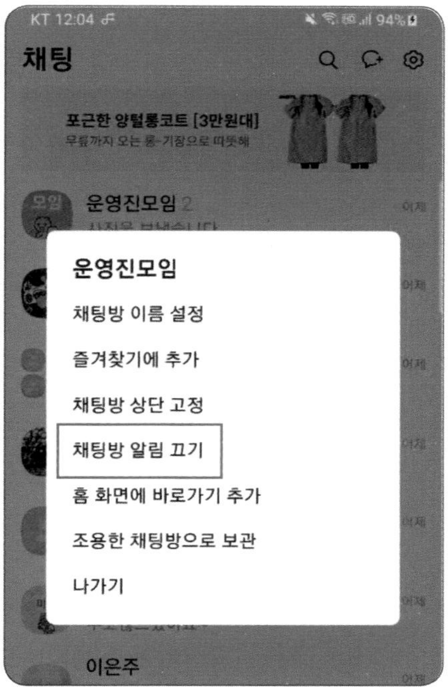

2 채팅방 이름 옆에 [알림음 차단] 표시가 나타납니다.

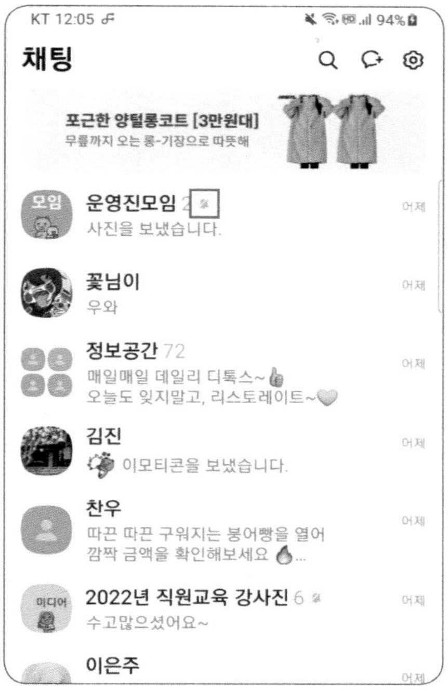

3 채팅방을 나오려면 나오기할 채팅방을 길게 눌러 [나가기]를 터치합니다.

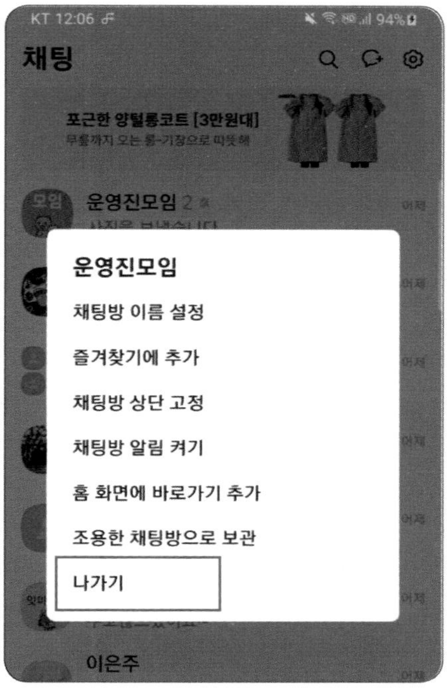

4 [채팅방 나가기] 창에서 [나가기]를 터치합니다.

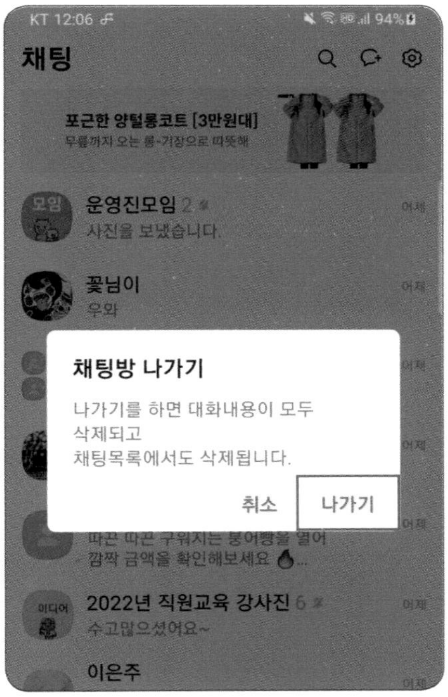

5 채팅방에서 조용히 나가려면 [설정]-[전체 설정]을 터치합니다.

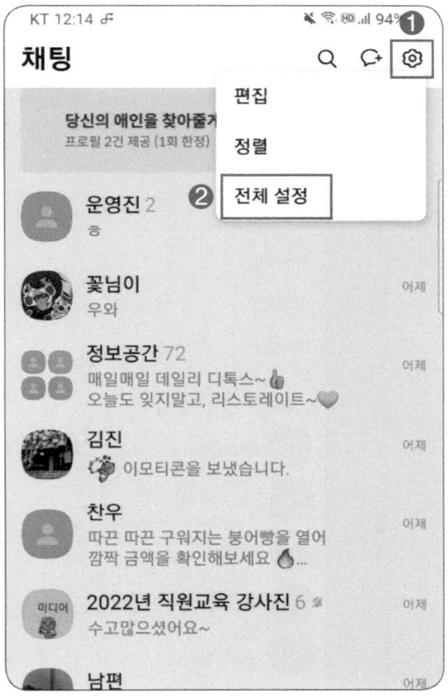

6 [설정] 화면에서 [실험실]을 터치합니다.

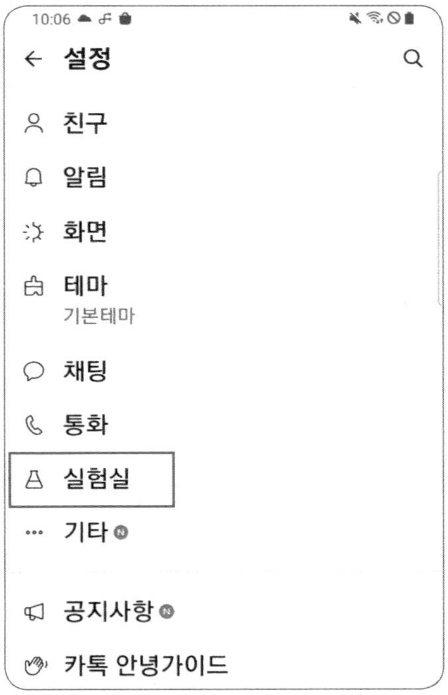

7 [실험실 이용하기]를 터치한 다음, '조용한 채팅방'이 활성화 되어 있는지 확인한 후 '←' [뒤로]를 터치합니다.

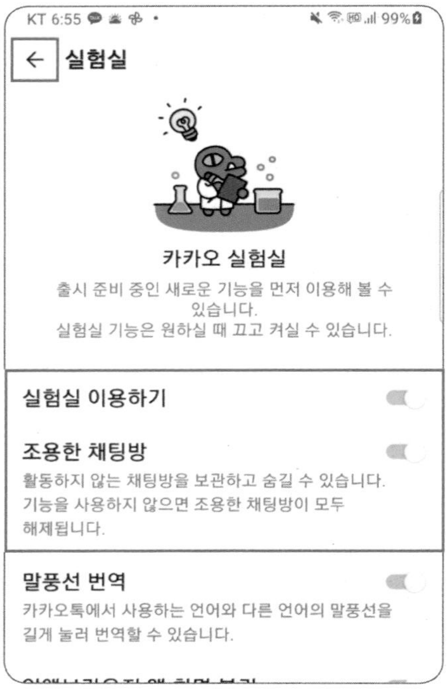

8 [설정] 화면에서 '←' [뒤로]를 터치합니다.

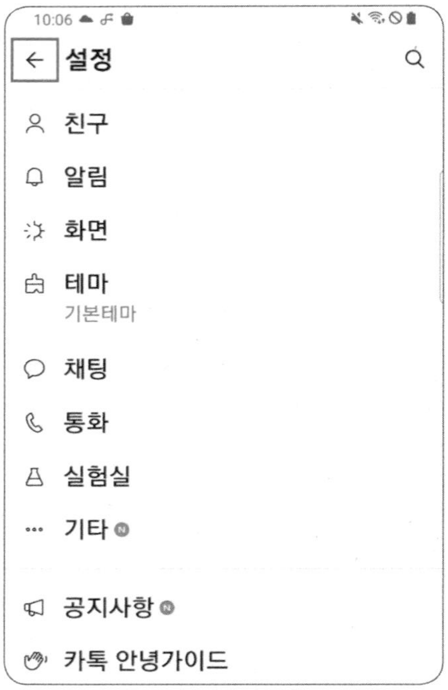

9 [채팅] 화면에서 조용히 나오기할 채팅방을 터치합니다.

10 채팅방에서 ≡[채팅방 서랍]을 터치합니다.

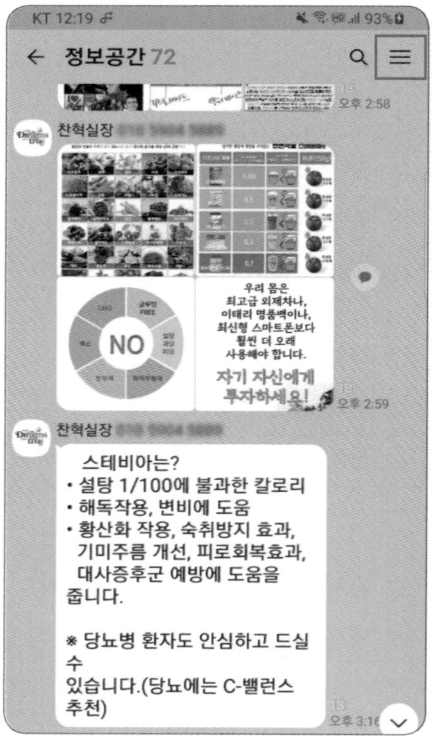

11 [채팅방 서랍] 메뉴에서 [나가기]를 터치합니다.

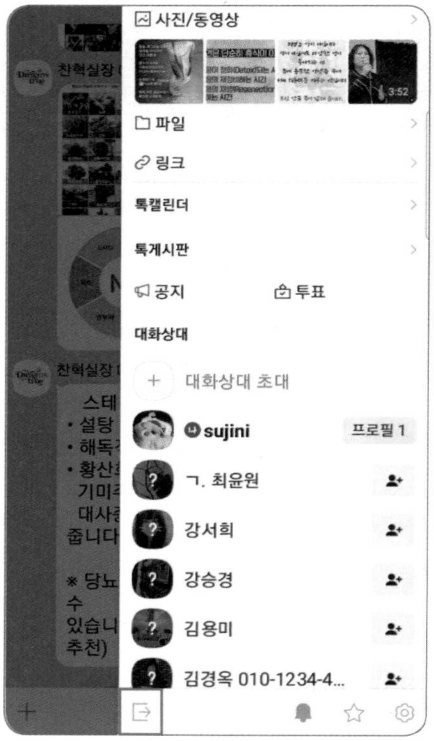

12 [채팅방 나가기] 창에서 '조용히 나가기'를 선택한 다음, [나가기]를 터치합니다.

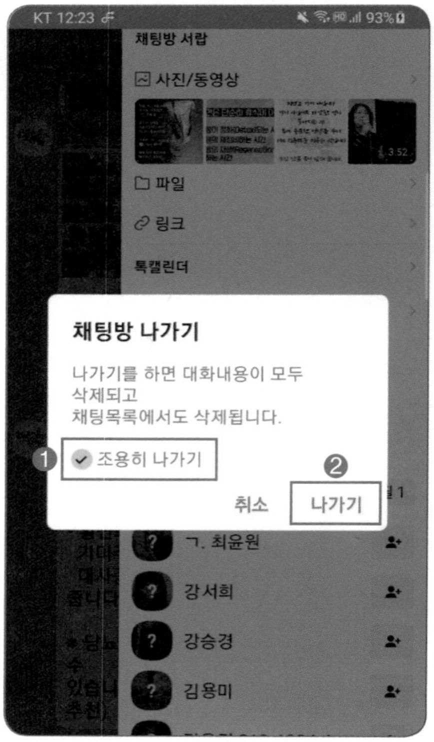

한걸음 더!

smartphone

조용한 채팅방

자주 확인하고 싶지 않은 '일반' 채팅방을 보관하고 숨길 수 있습니다. 조용한 채팅방에 보관한 채팅방의 알림은 읽지 않은 메시지 수가 화면에 나타나지 않습니다. 숨겼던 조용한 채팅방을 다시 보려면 채팅방 목록 화면을 아래로 당기면 됩니다.

❶ 채팅방을 길게 눌러 [조용한 채팅방으로 보관]을 터치합니다.

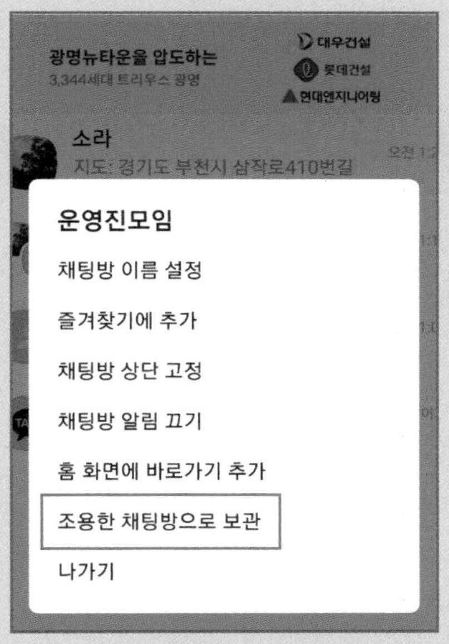

❷ 선택한 채팅방이 조용한 채팅방으로 이동됩니다.

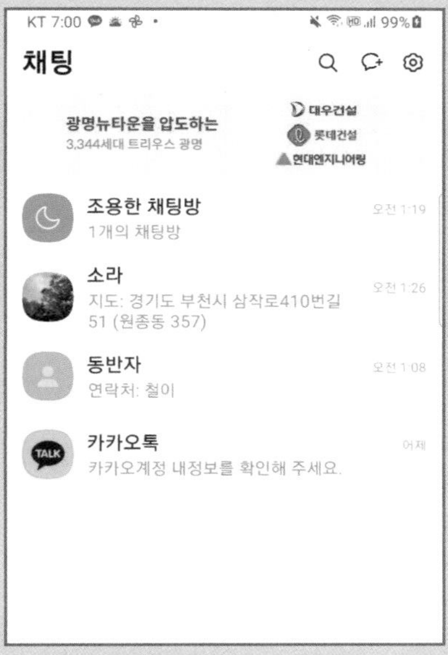

❸ 조용한 채팅방을 길게 눌러 [조용한 채팅방 숨김]을 터치합니다.

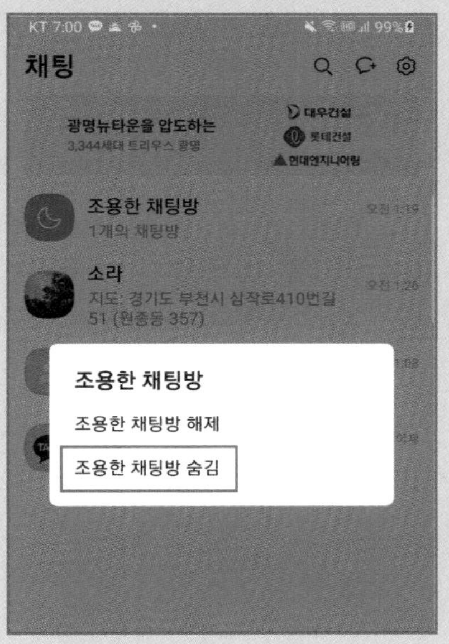

❹ 채팅 목록에서 조용한 채팅방이 숨겨진 것을 확인할 수 있습니다. 채팅방 목록을 아래로 드래그합니다.

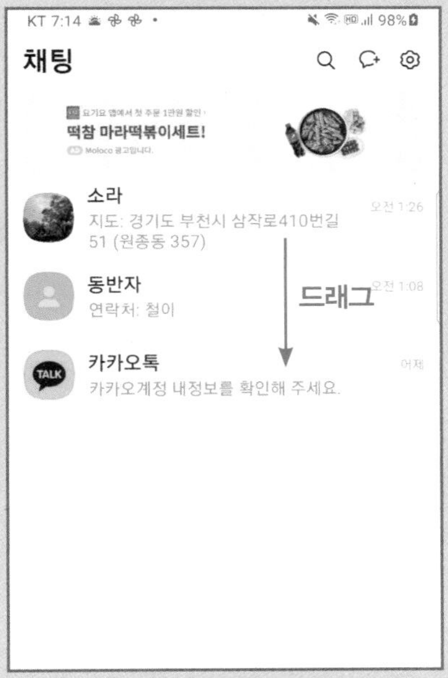

❺ 숨겨진 조용한 채팅방이 다시 화면에 표시됩니다.

❻ 다시 조용한 채팅방을 길게 누른 다음, [조용한 채팅방을 해제]를 터치하여 해제할 수 있습니다.

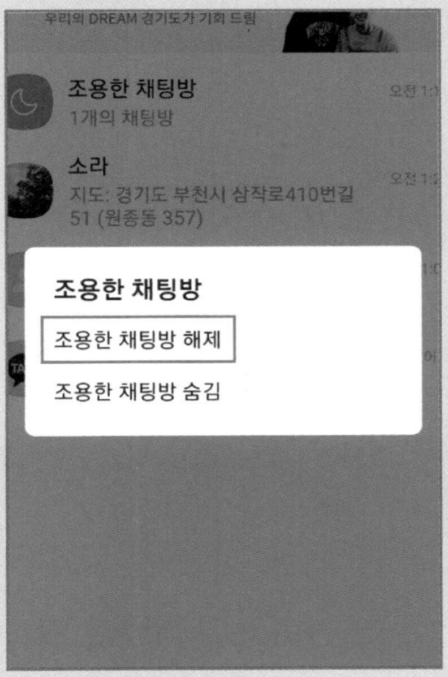

혼자해보기

1 채팅방의 이름과 프로필을 커스텀 프로필로 변경해보세요.

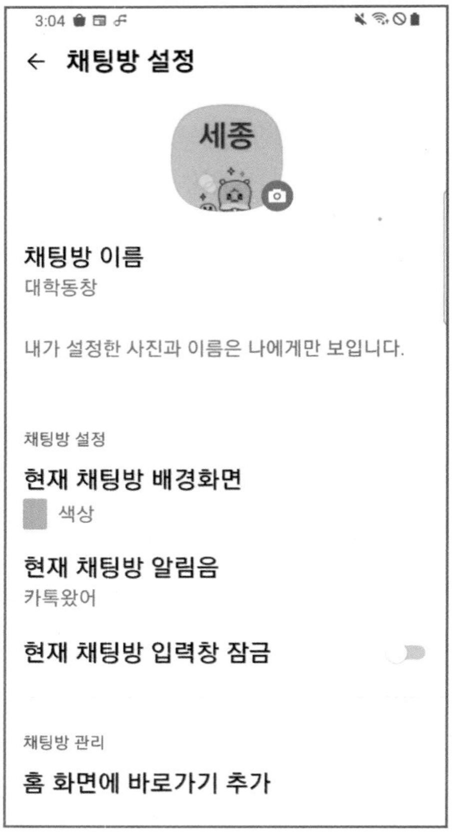

2 채팅방의 알림을 기본음에서 '카톡왔어'로 변경해 보세요.

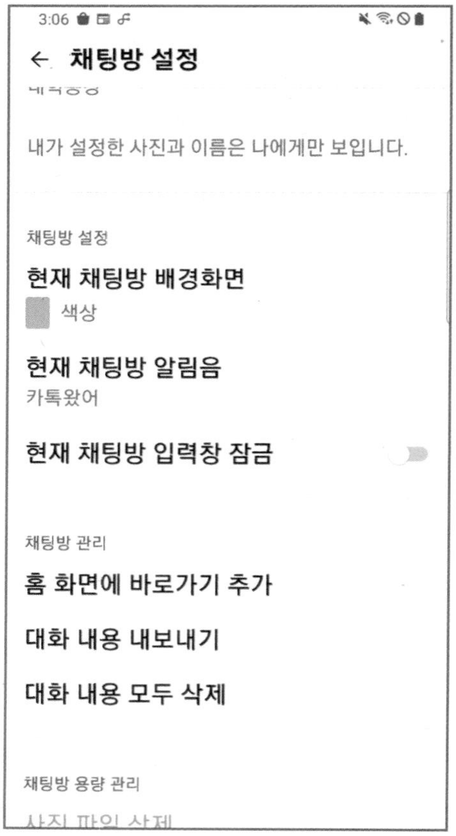

3 채팅방의 알림음이 울리지 않게 꺼보세요.

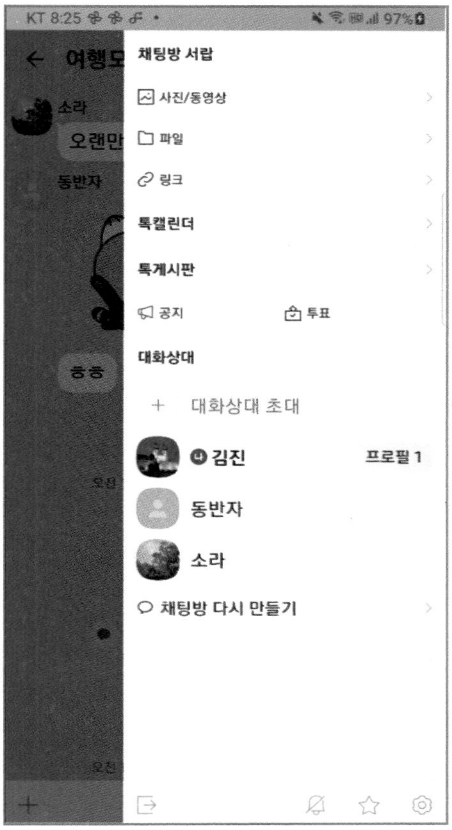

4 채팅방의 배경을 일러스트 배경으로 바꿔보세요.

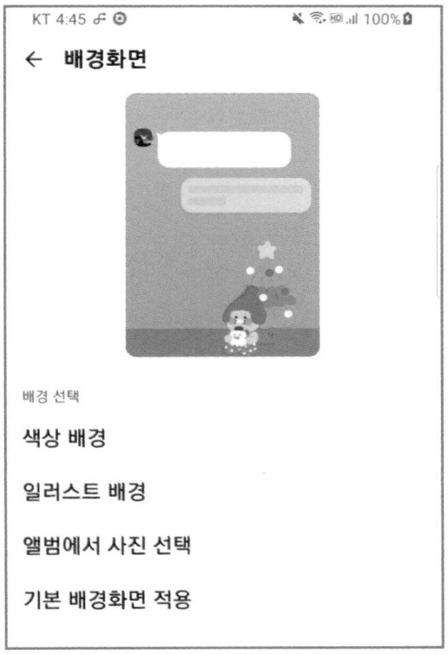

힌트

[채팅방 설정] 화면에서 [현재 채팅방 배경화면]을 터치합니다.

Section
06

카카오톡 관리하기

카카오톡 앱의 글씨 크기를 조절하면 메시지를 큰 글씨로 볼 수 있고, 카카오톡 기본 알림음이나 배경 화면의 디자인을 변경할 수 있습니다. 또한 여러 기업에서 제공하는 정보를 실시간으로 받아 볼 수 있도록 채널을 추가하고 삭제할 수 있습니다.

학습내용

- 카카오톡의 글씨 크기를 설정할 수 있습니다.
- 채팅방의 배경색을 변경할 수 있습니다.
- 카카오톡의 캐시 파일을 삭제할 수 있습니다.
- 채널을 등록하고 삭제할 수 있습니다.

smartphone

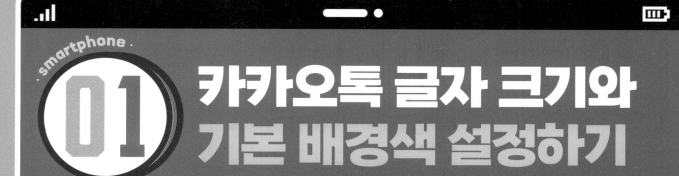

01 카카오톡 글자 크기와 기본 배경색 설정하기

카카오톡의 메시지 글씨 크기가 작아서 잘 안보일 때 글씨 크기를 크게 설정하여 시각적으로 편하게 내용을 읽을 수 있을 수 있으며, 배경 화면의 색도 원하는 색으로 설정할 수 있습니다.

TIP

[눈 내리는 채팅방] : 채팅방에 눈 내리는 효과가 설정됩니다. [배경화면]의 [배경 효과]에서 '눈 내리는 채팅방'을 비활성화 시키면 겨울에 눈이 내려도 눈내리는 효과가 적용되지 않습니다.

1 [설정] 화면에서 ☼ [화면]을 터치합니다.

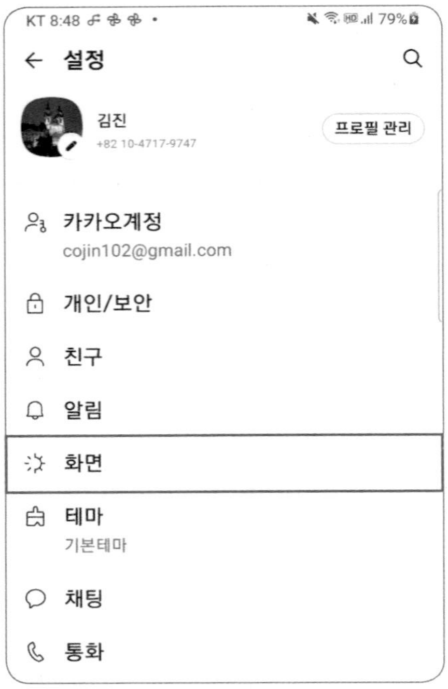

2 [화면]에서 [글자크기]를 터치합니다.

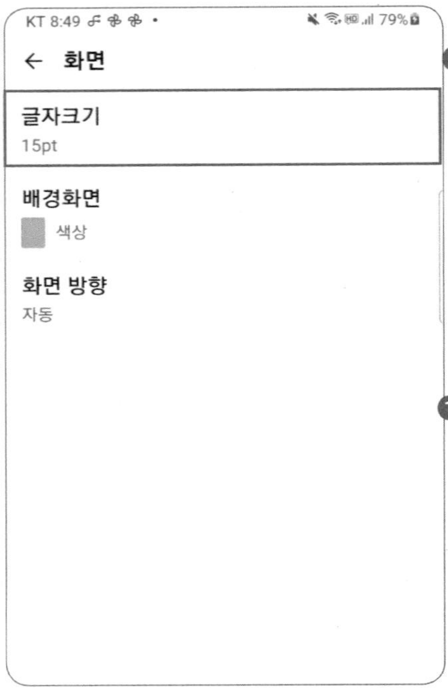

3 슬라이드를 오른쪽으로 드래그하여 크기를 설정하고 '←'[뒤로]를 터치합니다.

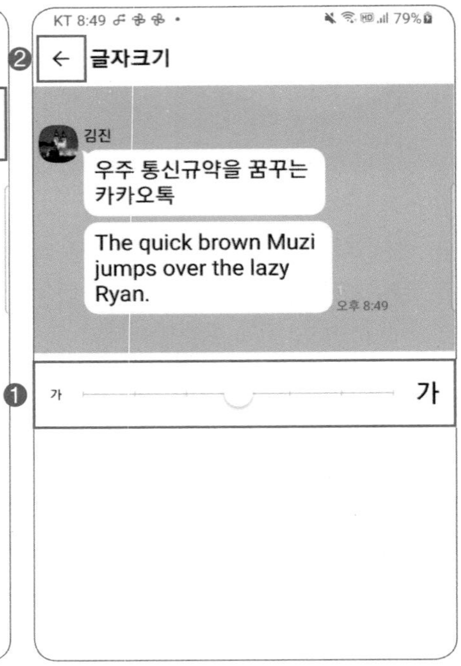

4 기본 배경색을 설정하기 위해 [화면] 화면에서 [배경화면]을 터치합니다.

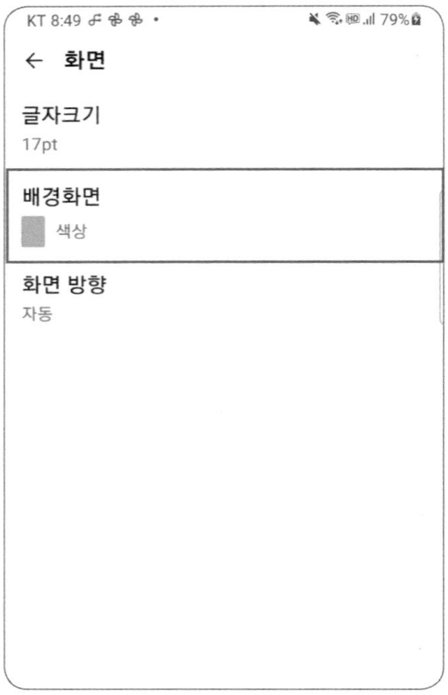

5 [색상 배경]을 터치합니다.

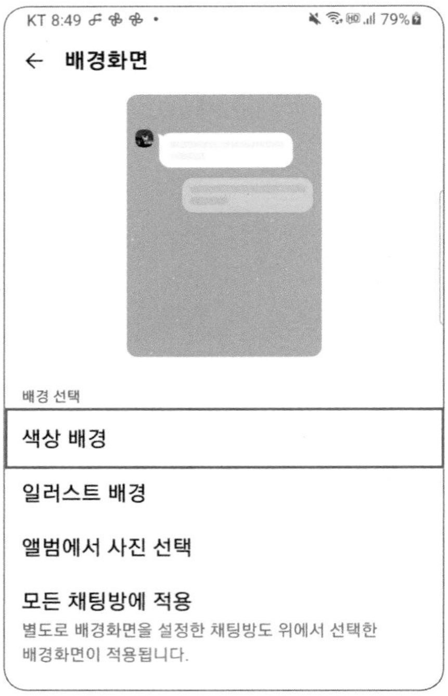

6 [색상 배경] 화면에서 원하는 색을 선택하면 채팅방의 기본 색이 변경됩니다.

smartphone

02 앱 저장 공간 관리하기

불필요한 데이터가 스마트폰에 저장되면 속도가 늦어지고 용량 부족 문제가 될 수 있습니다. 카카오톡의 불필요한 캐시 파일이나 오래된 대화 및 미디어 파일 등의 불필요한 데이터를 삭제하여 최적화된 환경에서 카카오톡을 사용할 수 있습니다.

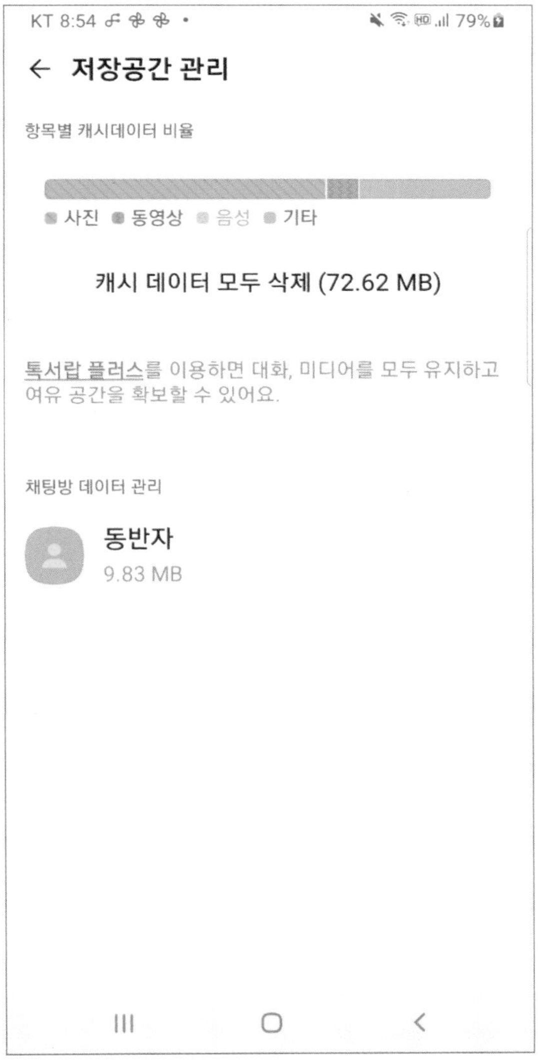

TIP

톡서랍 플러스는 유료 서비스로 카카오톡에서 주고받은 미디어 파일을 모아볼 수 있는 것은 물론이고, 카카오톡 대화 및 미디어 파일을 안전하게 보관해줍니다. 서비스 요금은 용량에 따라 1,900원부터 8,900원까지 결제하여 사용할 수 있습니다.

1 [설정] 화면에서 ⓘ [앱 관리]를 터치합니다.

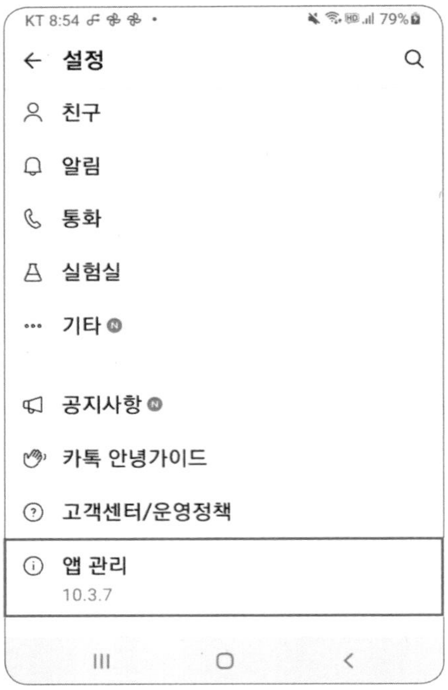

2 [앱 관리] 화면에서 [저장공간 관리]를 터치합니다.

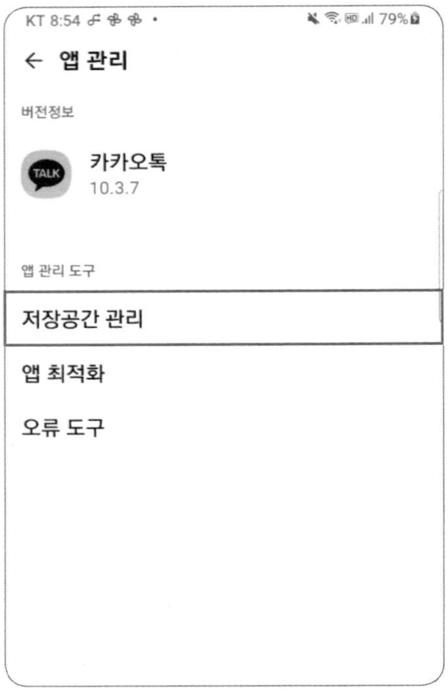

3 [저장공간 관리] 대화상자에서 [캐시 데이터 모두 삭제]를 터치합니다.

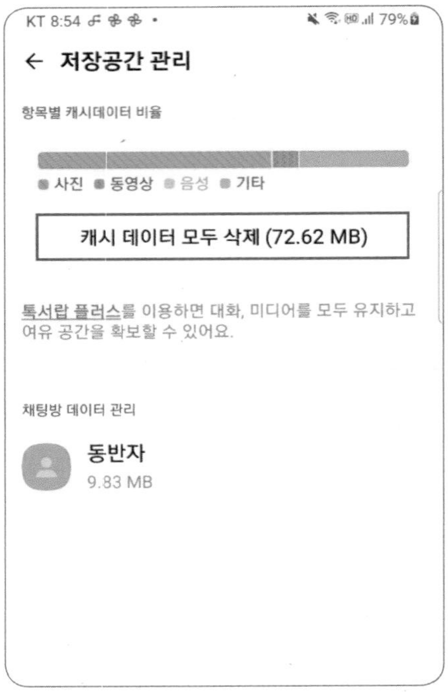

4 '위 내용을 모두 확인하였습니다'에 체크 표시를 한 후 [삭제]를 터치합니다.

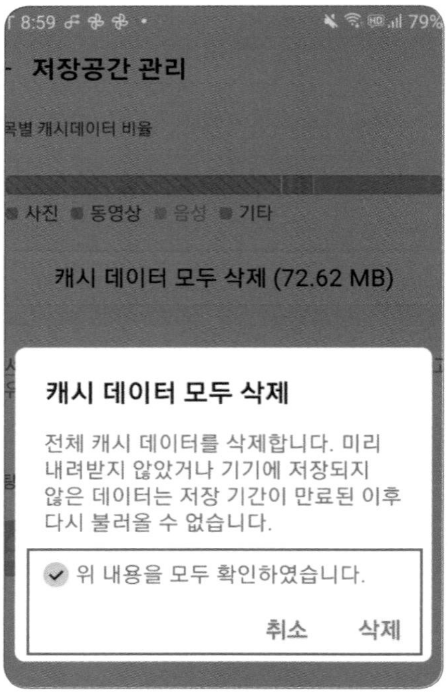

TIP

[저장공간 관리] 화면에서 채팅방 데이터 관리 목록에 표시된 채팅방을 터치하여 특정 채팅방의 저장공간을 관리할 수 있습니다.

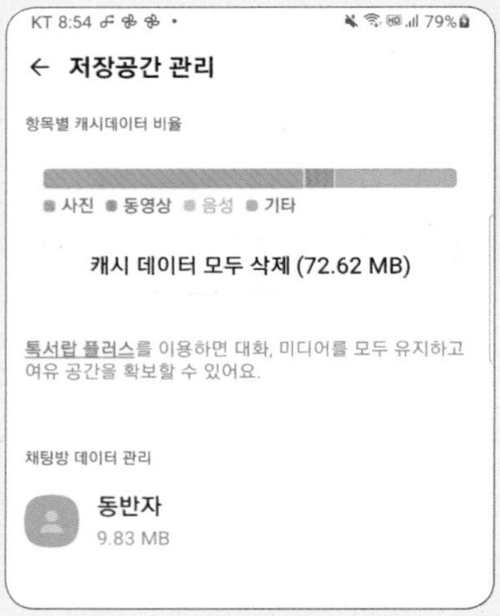

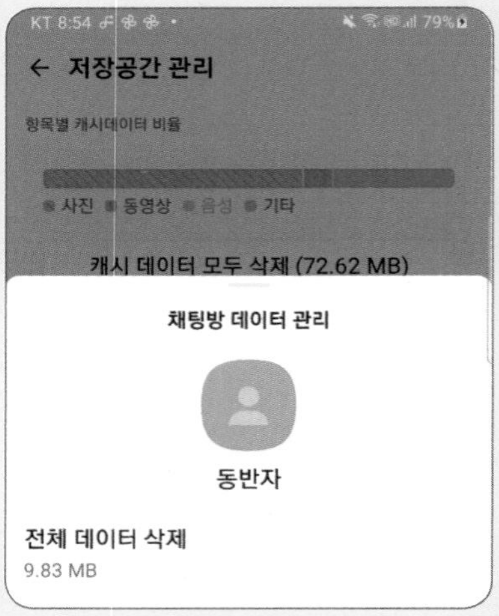

smartphone

03 톡 서랍 활용하기

카카오톡에서 나에게 보낸 메시지나 지인에게 공유 받은 사진이나 미디어, 링크, 파일 등을 보관하는 공간이 필요할 때 언제든지 공유한 자료를 찾아볼 수 있습니다.

TIP

톡서랍은 내가 대화한 모든 채팅방(비밀/오픈 채팅방 제외)에서 주고받은 데이터를 한 번에 모아볼 수 있는 공간입니다.

1 ••• [더보기]를 터치하여 [톡서랍]을 터치합니다.

2 [톡서랍] 화면의 내 톡데이터에서 [사진/동영상]을 터치합니다.

3 친구를 터치하면 친구와 공유한 사진이나 동영상을 확인할 수 있습니다. '←'[뒤로]를 터치합니다.

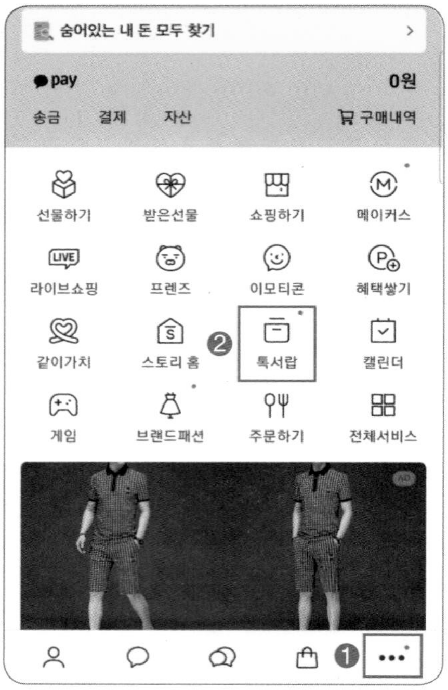

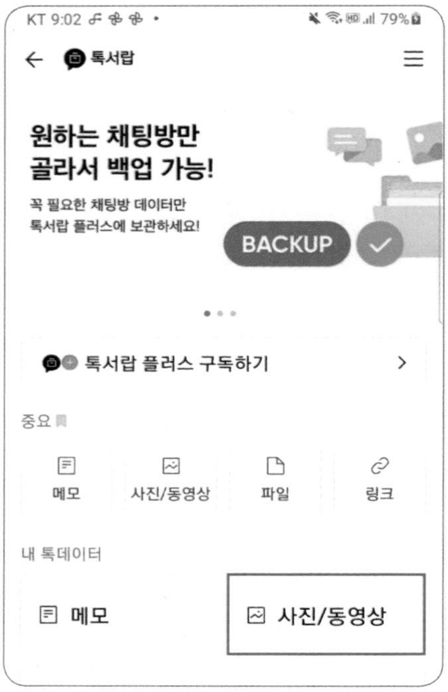

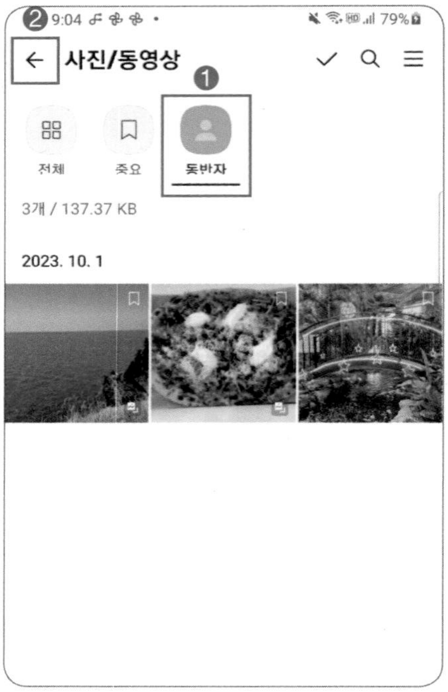

4 [톡서랍] 화면에서 [메모]를 터치합니다.

5 [메모] 화면에서 [전체]를 터치하면 내가 나한테 보낸 글을 확인할 수 있습니다.

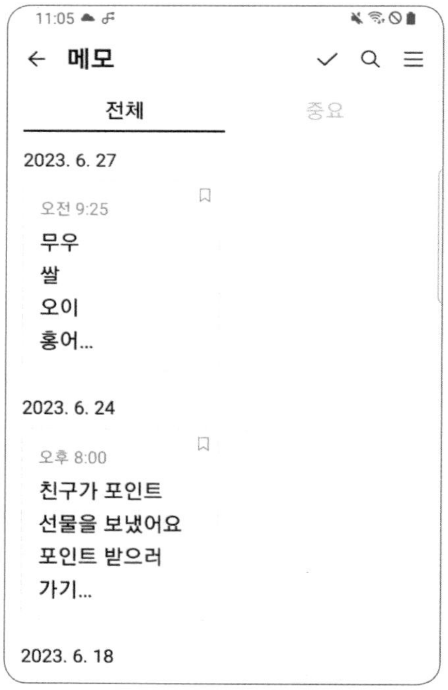

TIP

메모를 길게 눌러 선택한 다음, [삭제]를 터치하여 메모를 삭제할 수 있습니다.

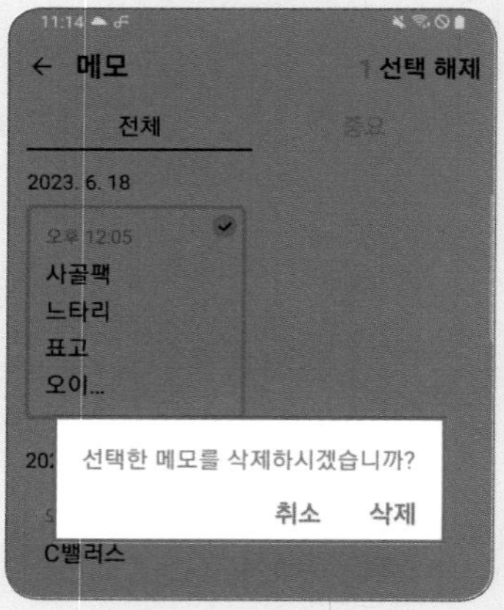

혼자해보기

1 카카오톡의 글씨 크기를 20pt로 변경해 보세요.

2 앱 관리 기능을 이용하여 불필요한 캐시 파일을 삭제해보세요.

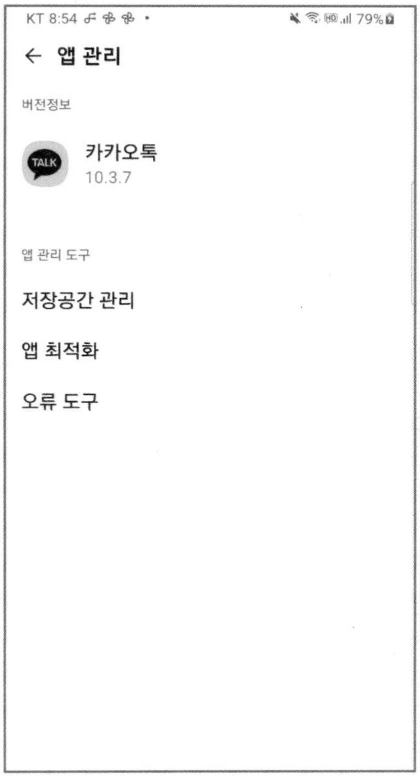

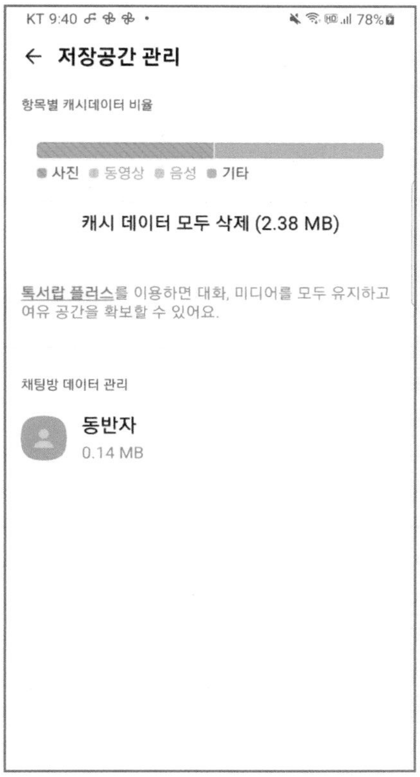

Section

07

카카오맵 설치하고 길찾기

카카오맵으로 특정 주소나 위치를 확인할 수 있으며, 현재 위치에서 찾아가는 경로를 따라 처음 가는 길도 쉽게 찾아 갈 수 있습니다.

학습내용

- ✓ 카카오맵의 글씨 크기를 조절할 수 있습니다.
- ✓ 카카오맵 지도를 확대/축소할 수 있습니다.
- ✓ 카카오맵으로 가까운 약국을 찾아 도보 경로를 알아볼 수 있습니다.
- ✓ 로드뷰로 목적지의 거리뷰를 확인할 수 있습니다.

smartphone

01 카카오맵 설치하기

카카오맵은 처음 찾아가는 장소 또는 길을 찾거나 주변의 맛집, 약국, 병원 등 다양한 장소에 대한 위치 정보를 제공합니다.

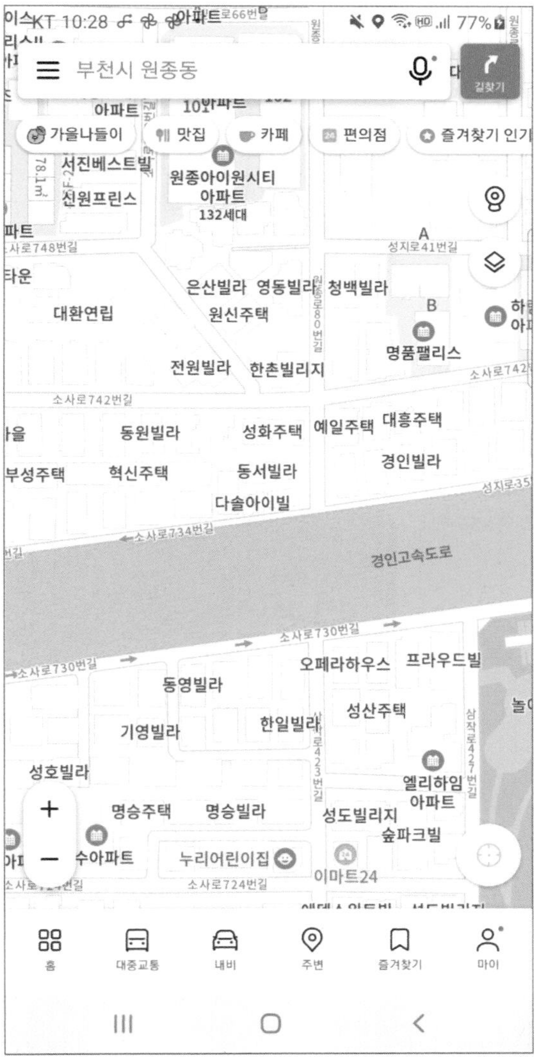

TIP

목적지까지 자동차, 버스, 도보, 자전거 경로를 찾아가는 방법과 시간, 요금 등에 대한 정보를 표시합니다.

1 Play 스토어 앱에서 "카카오맵"을 검색하여 [설치]를 터치합니다.

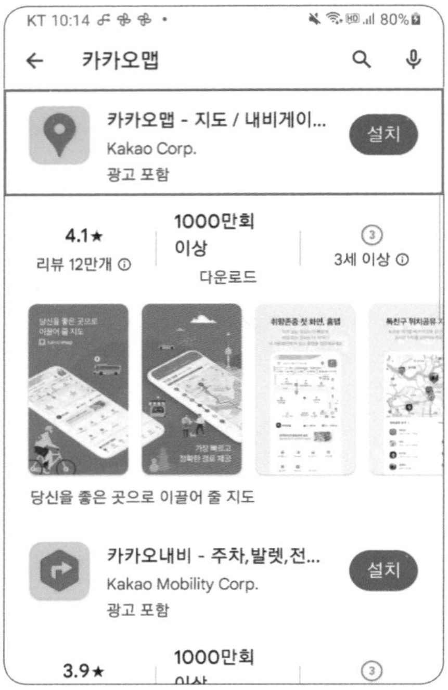

2 카카오맵 설치가 완료되면 [열기]를 터치합니다.

3 [카카오계정으로 로그인]을 터치한 후 로그인 안내 창에서 [카카오톡 계정으로 로그인]을 터치합니다.

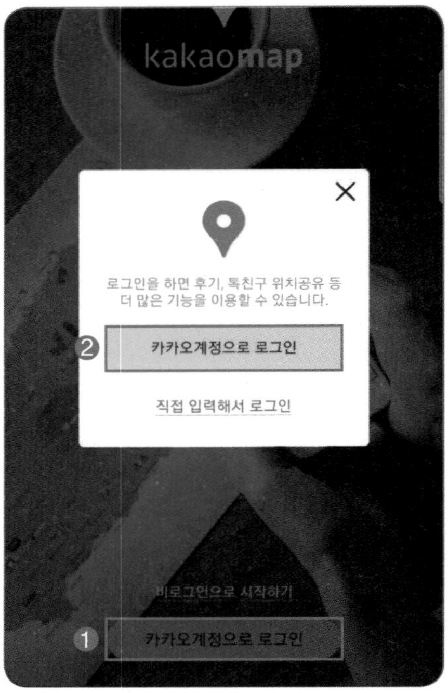

4 서비스 약관 동의 화면에서 필수 항목만 선택하고 [확인]을 터치합니다.

5 카카오맵 프로필 선택 화면에서 '카카오톡'을 선택하고 [확인]을 터치합니다.

6 [앱 사용 중에만 허용]을 터치합니다.

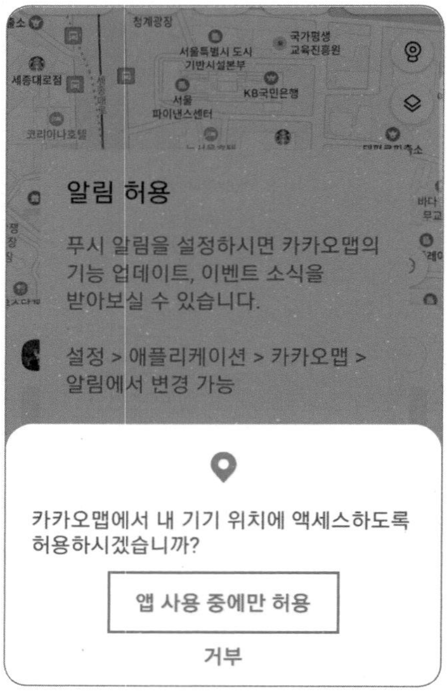

7 [알림 허용] 창에서 [확인]을 터치합니다.

8 카카오톡 혜택 알림 화면에서 [지금은 아니에요]를 터치합니다.

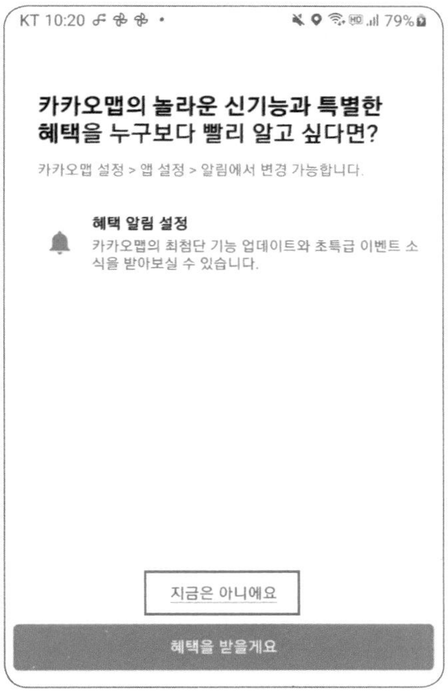

9 지도 글씨 크기를 설정하기 위해 ≡ [메뉴]를 터치합니다.

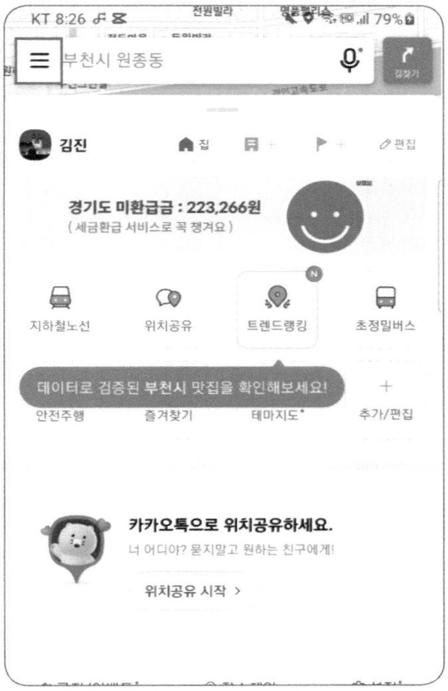

10 홈 메뉴에서 ⚙ [설정]을 터치합니다.

11 [설정] 화면에서 [지도 설정]을 터치합니다.

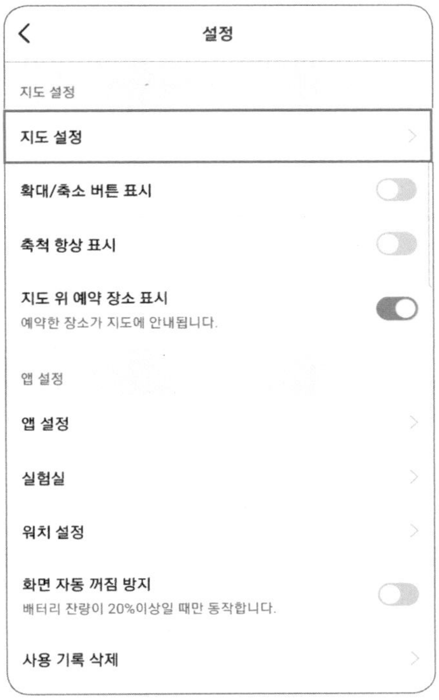

12 [지도 설정] 화면에서 글자 크기를 [크게]로 터치하고 '<' [뒤로]를 터치합니다.

13 [설정] 화면에서 [확대/축소 버튼 표시]를 터치하여 활성화 시키고 '<' [뒤로]를 터치합니다.

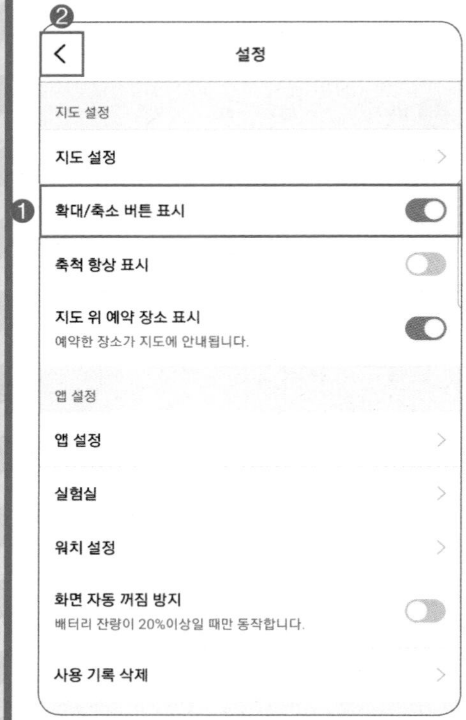

14 화면을 아래로 드래그하면 지도가 전체 화면으로 표시합니다.

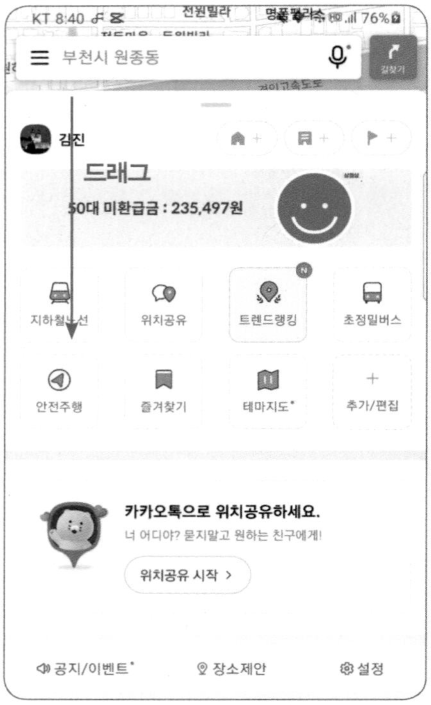

15 글씨가 크게 보이고, 왼쪽에 확대/축소 버튼을 확인할 수 있습니다.

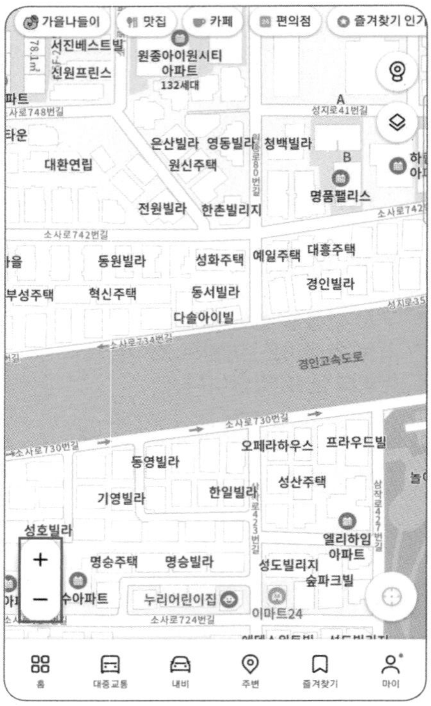

16 지도를 크게 보기 위해 '+' [확대]를 터치합니다.

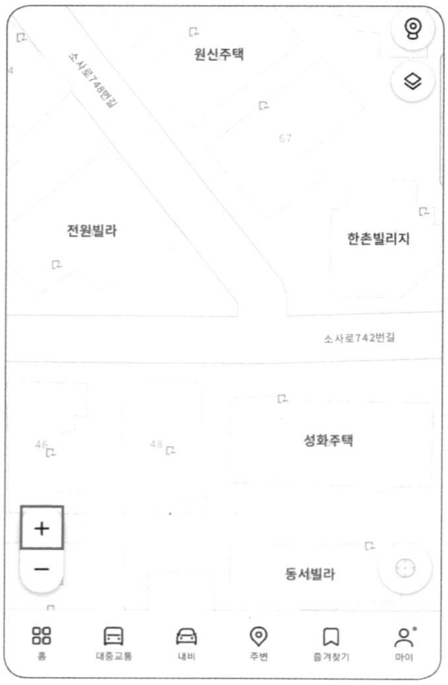

17 화면을 손가락으로 드래그하여 지도를 이동시킬 수 있습니다.

18 '–' [축소]를 터치하면 지도가 축소됩니다.

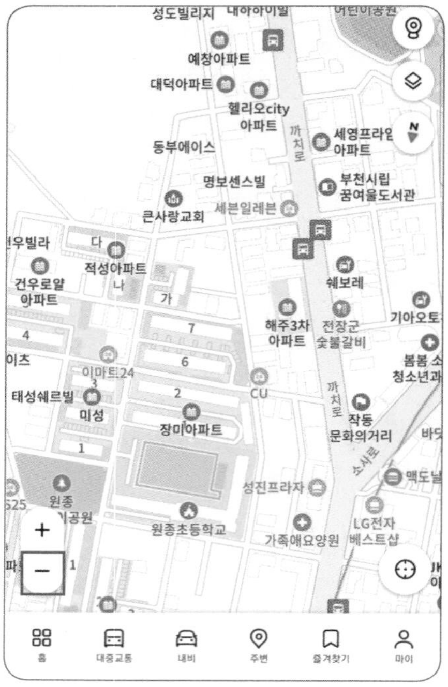

smartphone

02 지도로 검색하기

지도에서 원하는 장소를 찾고 위치 정보를 확인할 수 있습니다. 목적지 주소나 상호를 입력하여 해당 위치를 쉽게 찾을 수 있으며, 네비게이션, 대중교통, 도보, 자전거로 이동 경로와 시간에 대한 정보와 거리, 교통 정보 등을 확인할 수 있습니다.

TIP

네비게이션 : 목적지까지 자동차로 가는 경로를 안내합니다.

대중교통 : 목적지까지 대중교통으로 가는 방법과 시간 정보를 알려줍니다.

도보 : 목적지까지 도보로 가는 경로와 이동 시간, 거리 정보를 알려줍니다.

자전거 : 목적지까지 자전거로 가는 경로와 이동 시간, 거리 정보를 알려줍니다.

TIP

검색란에 [마이크]를 터치하면 음성으로 목적지를 입력할 수 있습니다.

1 카카오 맵에서 검색란에 '약국'을 입력하고 [검색]을 터치합니다.

2 가까운 곳을 찾기 위해 [정확도] 순을 터치한 다음, [거리순]을 터치합니다.

3 거리순으로 약국이 검색되면 가장 가까운 약국을 터치합니다.

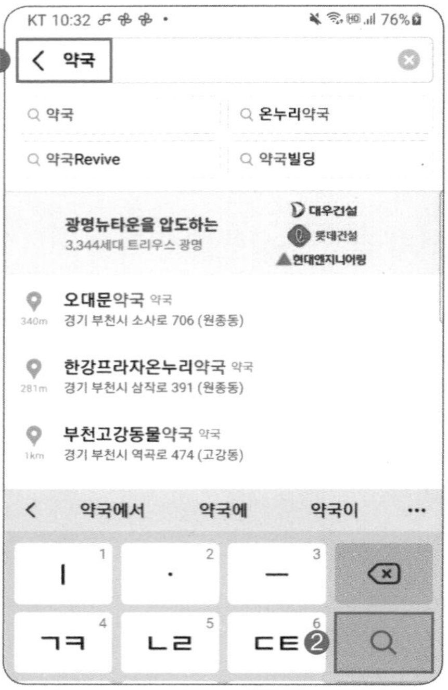

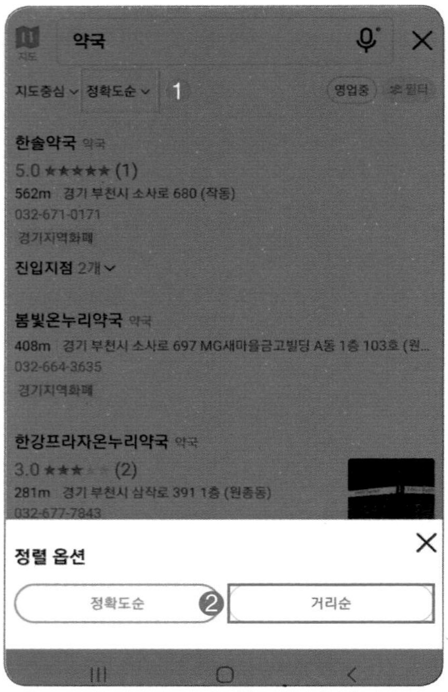

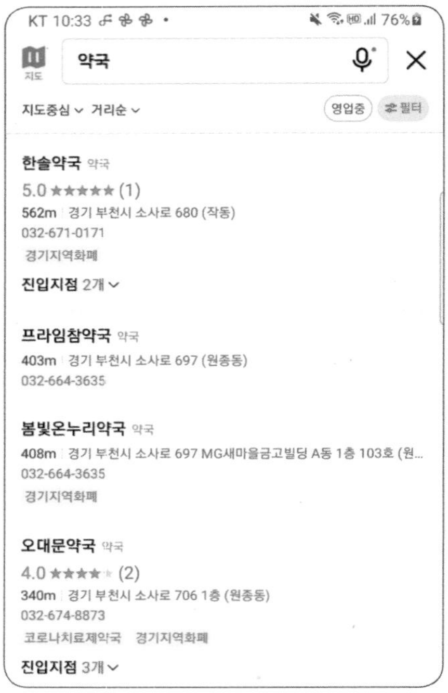

4 자세한 경로를 보기 위해 [경로]를 터치합니다.

5 도보로 이동하기 위해 [도보]를 터치하면 도보로 목적지까지 가는 경로가 표시됩니다.

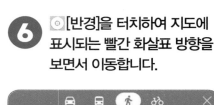

6 [반경]을 터치하여 지도에 표시되는 빨간 화살표 방향을 보면서 이동합니다.

7 목적지의 상세 정보를 확인하려면 [경로상세]를 터치합니다.

8 상세 경로 화면을 위로 그래그한 다음, [상세정보]를 터치합니다.

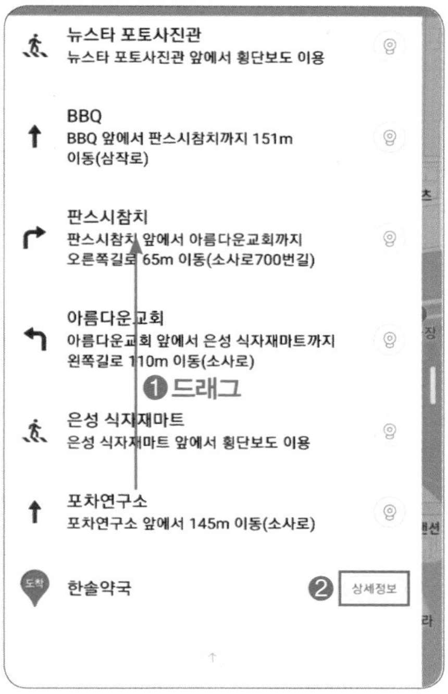

9 목적지의 실제 거리 모습을 확인하기 위해 [로드뷰]를 터치합니다.

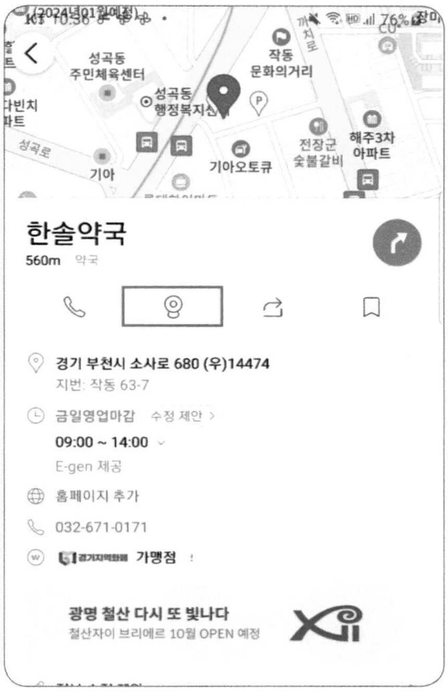

10 목적지 위치와 상세 경로를 화면에 확인할 수 있습니다.

TIP

검색한 목적지의 등록되어 있는 전화번호로 전화를 걸 수 있습니다.

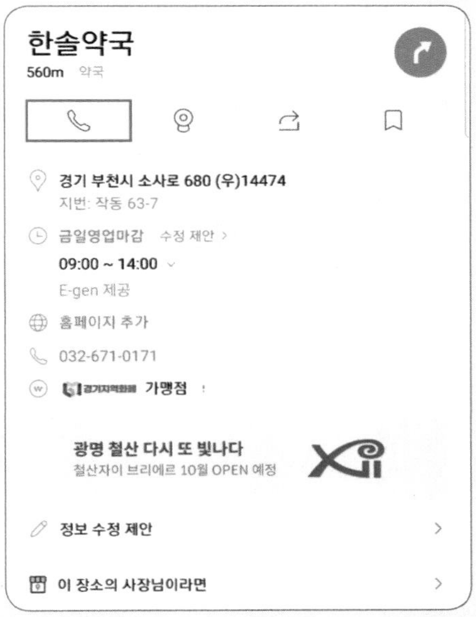

smartphone

03 대중교통으로 찾아가기

카카오 맵에서 출발지와 도착지를 입력하고 (대중교통)을 터치하면 목적지까지 소요 시간이 가장 빠른 시간부터 표시되며 교통요금, 도착 예정 시간 등의 정보까지 알려줍니다.

TIP

목적지까지 자전거를 이용할 경우 를 터치합니다.

1 검색란에 '강남성모병원'을 입력하여 검색된 목록에서 최종 목적지를 터치합니다.

2 검색된 지도에서 [경로]를 터치합니다.

3 현재 위치가 자동으로 검색되면 [대중교통]을 터치합니다.

4 대중교통으로 가는 방법이 표시되면 [전체] 목록에서 가장 빠른 시간의 [승하차알림]을 터치합니다.

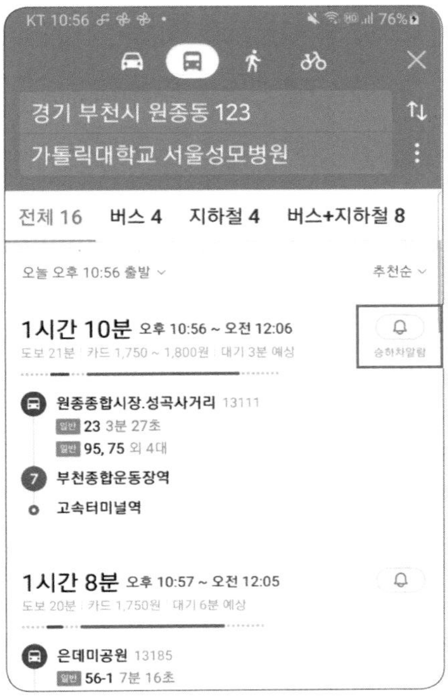

5 다음과 같이 도착 예정 시간이 안내됩니다.

TIP

도착 시간 옆에 [On]을 터치하면 승하차 알림을 취소할 수 있습니다.

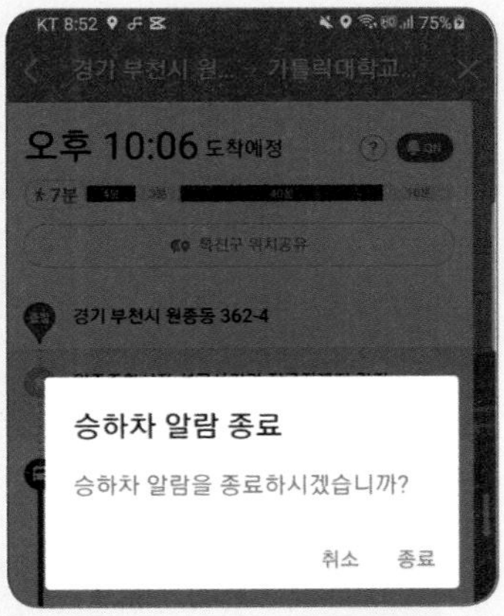

smartphone.

04 네비게이션으로 길 찾아가기

네비게이션은 운전자가 목적지에 편리하게 도착할 수 있도록 GPS 신호를 받아 현재 위치 파악하여 목적지까지 최적의 경로를 안내해주는 시스템으로 실시간 교통 상황을 고려해 가장 빠르고 효율적인 길을 안내합니다.

TIP

목적지 경로 변경하기

길안내 화면에서 [메뉴]를 터치하여 전체 경로, 다른 경로, 주행 설정을 변경할 수 있습니다.

전체 경로 : 목적지까지 전체 경로와 교통 상황이 표시되며, 다른 경로로 안내를 받을 수도 있습니다.

다른 경로 : 목적지까지 일반도로, 고속도로, 최단거리 등을 선택하여 길 안내를 받을 수 있습니다.

1 '서울아산병원'을 입력하여 검색된 목록에서 최종 목적지를 터치합니다.

2 목적지까지의 경로가 표시되면 [상세경로]를 터치합니다.

3 현재 위치가 자동으로 검색되면 자동차로 이동하기 위해 이동 수단으로 [자동차]를 터치합니다.

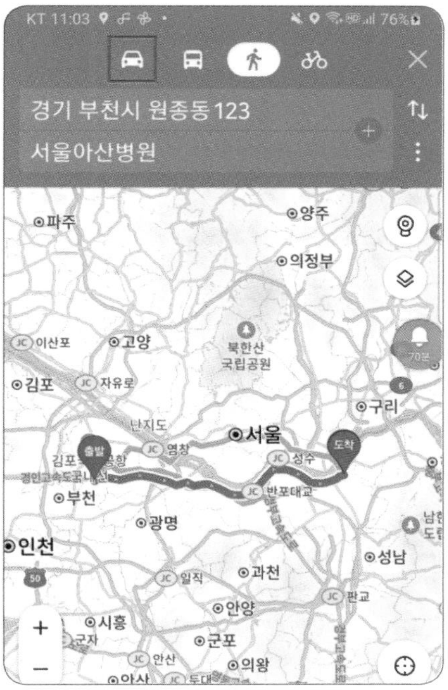

4 현재 위치에서 목적지까지 이동하는 상세 경로가 표시되면 [안내 시작]을 터치합니다.

5 카카오맵에서 전화를 걸고 관리하도록 허용 유무 화면에서 [허용]을 터치합니다.

6 카카오맵에서 기기의 사진, 미디어, 파일 액세스 화면에서 [허용]을 터치합니다.

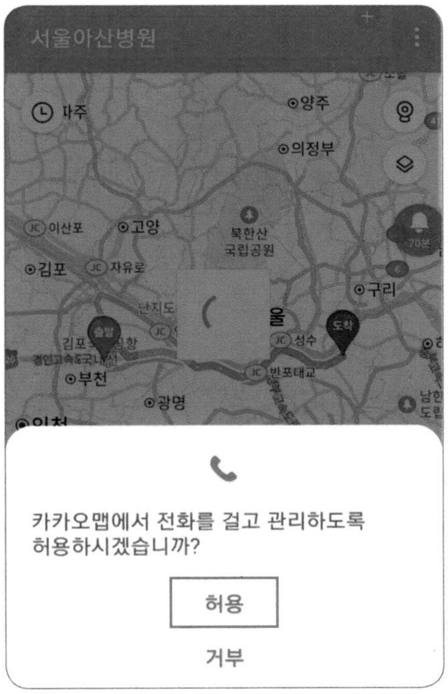

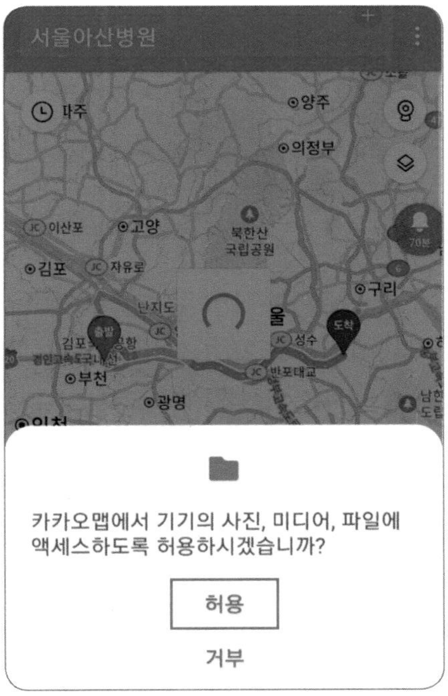

7 [다른 앱 위에 그리기] 창이 나타나면 '다시 보지 않기'에 체크하고 [네]를 터치합니다.

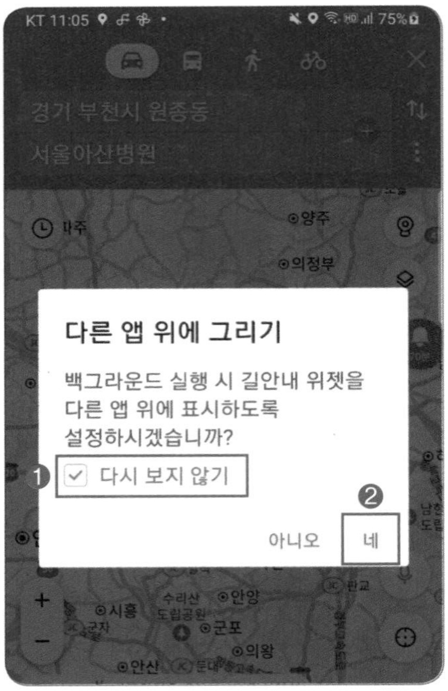

8 [다른 앱 위에 표시] 창에서 [권한 허용]을 터치한 다음, '<' [뒤로]를 터치합니다.

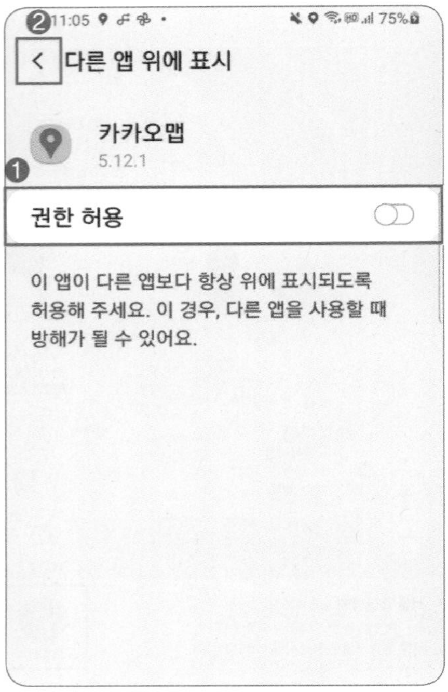

9 어린이 보호 구역을 지나는 경로 안내 창이 나타나면 [확인]을 터치합니다.

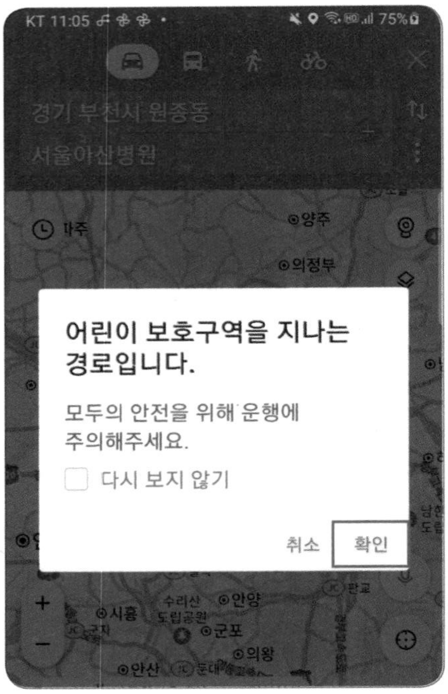

10 네비를 종료하려면 [메뉴]를 터치하여 [안내 종료]를 터치합니다.

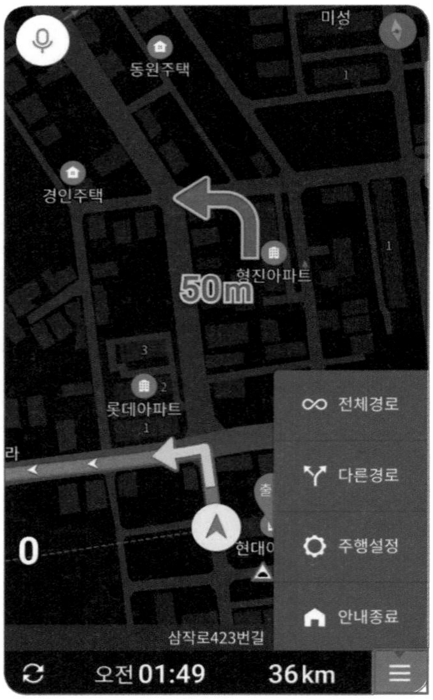

TIP

길 안내 화면에서 [주유소]를 터치하면 현재 위치에서 가까운 주유소, 맛집, 편의점, 주차장을 찾을 수 있습니다. [경유지로 길안내]를 터치하면 선택한 주유소가 경유지로 등록되어 길 안내를 합니다.

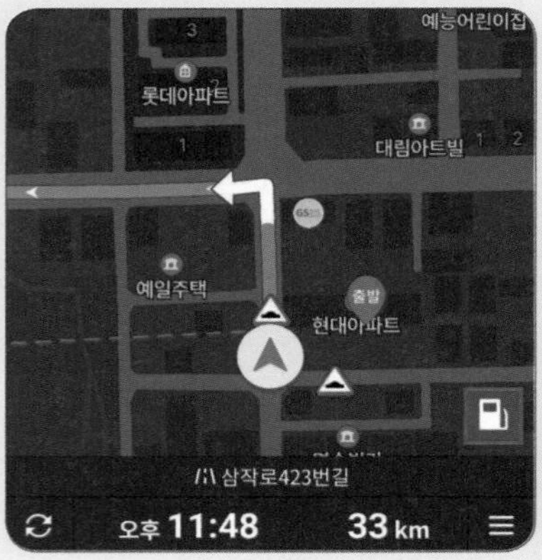

한걸음 더!

smartphone

집 주소 등록하기

❶ 카카오맵에서 [홈]을 터치하여 [집 등록]을 터치합니다.

❷ 등록할 집 주소를 검색하여 터치합니다.

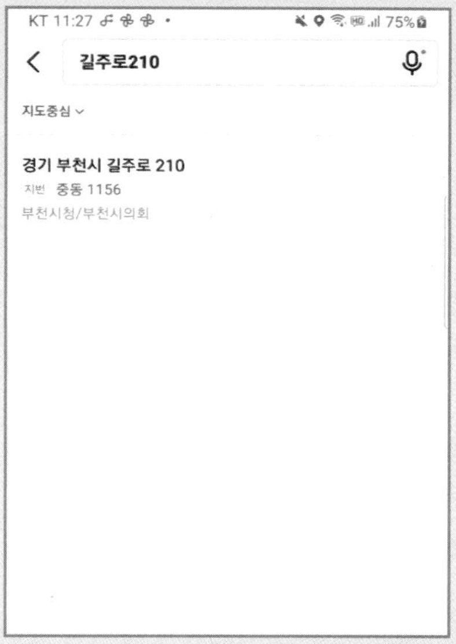

❸ 카카오맵 화면에 대중교통이나 네비게이션으로 현재 위치에서 집까지 도착하는 시간을 알 수 있습니다.

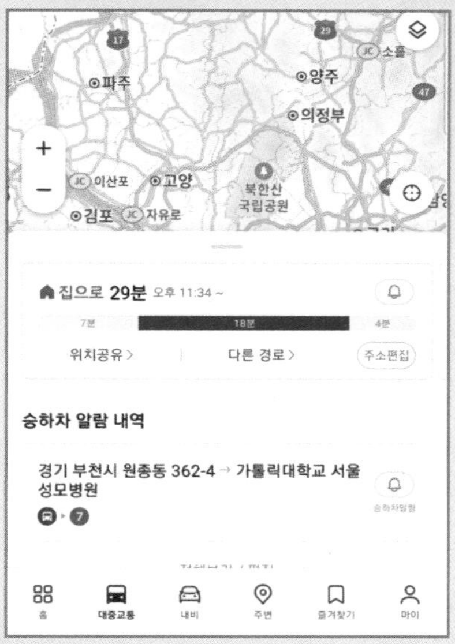

도착시간 공유하기 : 목적지 도착 시간을 상대방에게 카카오톡으로 공유할 수 있습니다.

❶ 출발역과 도착역을 검색한 다음, [톡 공유]를 터치합니다.

❷ [도착 시간 공유하기]를 터치합니다.

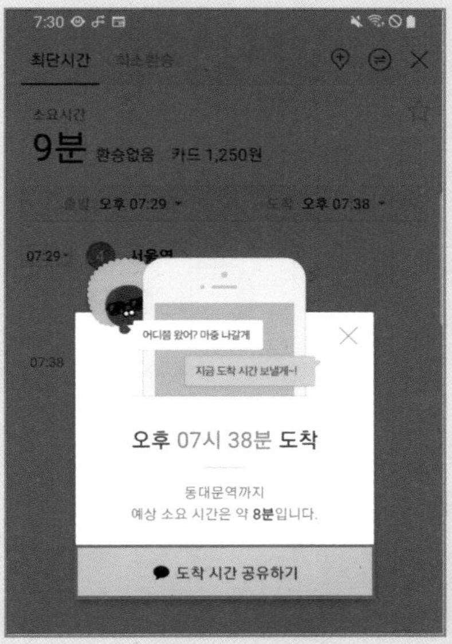

❸ [공유 대상 선택] 화면에서 도착 시간을 알려줄 친구를 선택하고 [확인]을 터치합니다.

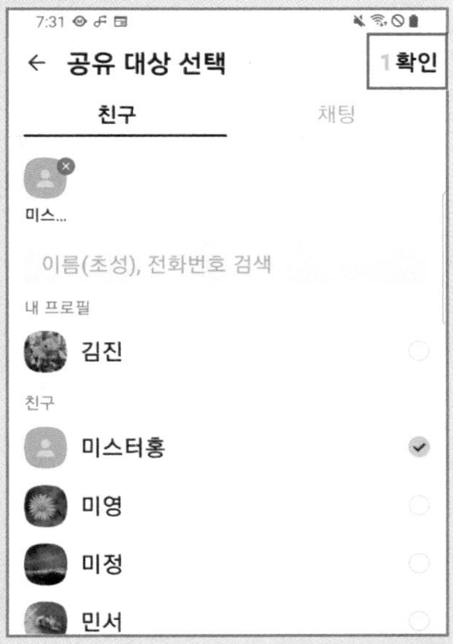

smartphone

05 카카오T 설치하고 택시 호출하기

카카오T 앱을 설치하면 편리하게 택시를 호출하여 이용할 수 있습니다. 목적지를 입력하면 출발지와 목적지 사이의 예상 요금과 도착시간을 알 수 있습니다. 카카오 택시를 이용하려면 본인의 신용카드로 결제수단을 등록해야 사용할 수 있습니다.

TIP

카카오 택시에서는 이용자가 배차 완료 1분 이후 취소 시 일정 기준에 따라 취소 수수료가 부과됩니다. 차량이 도착한 지 5분이 지난 후에도 기사님과 연락이 두절된 상태로 탑승하지 않는 경우 배차가 취소되며, 취소 수수료가 부과될 수 있습니다.

1 Play 스토어에서 '카카오티'를 검색하여 설치한 후 [열기]를 터치합니다.

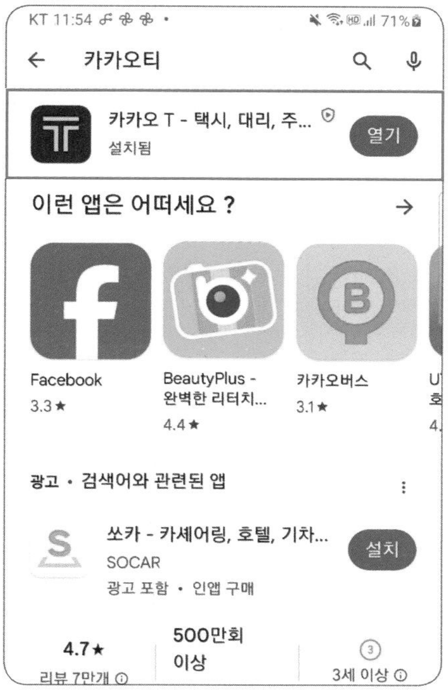

2 권한 허용 화면에서 [확인]을 터치합니다.

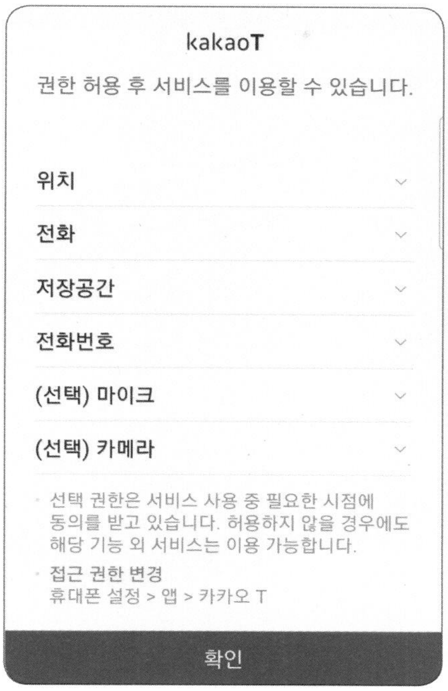

3 전화 걸고, 관리 허용 유무 확인 화면에서 [허용]을 터치합니다.

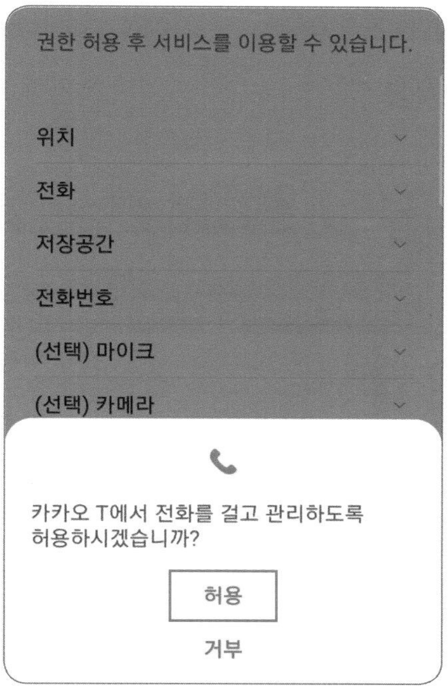

4 위치 액세스 허용 유무 확인 화면에서 [앱 사용 중에만 허용]을 터치합니다.

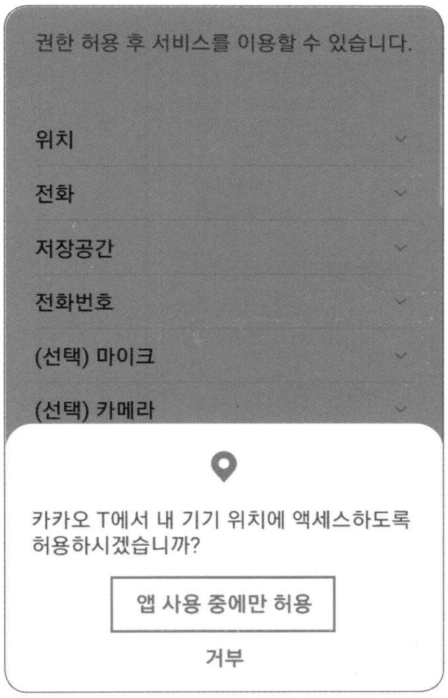

5 기기의 사진 및 미디어 액세스 유무 확인 화면에서 [허용]을 터치합니다.

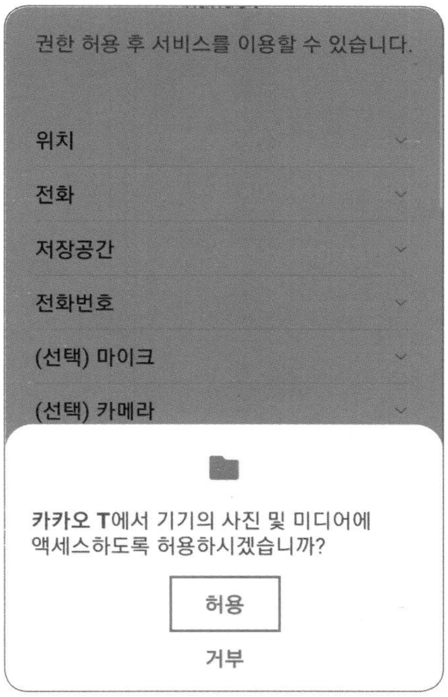

6 카카오T 시작 화면에서 [카카오계정으로 시작]을 터치합니다.

7 '전체 동의하기'를 터치한 다음, [동의하고 계속하기]를 터치합니다.

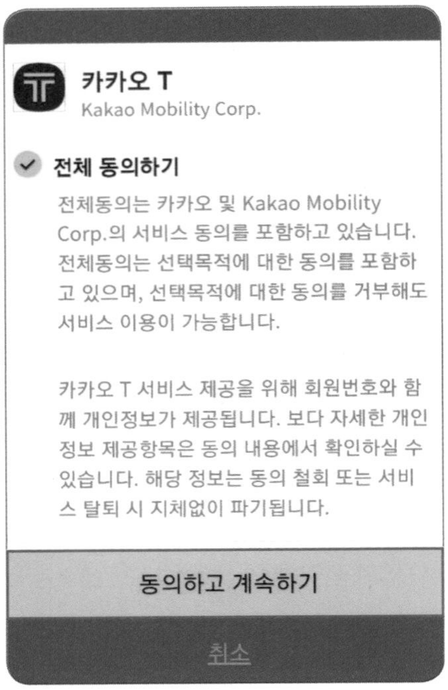

8 휴대폰 인증 화면에서 [보내기]를 터치합니다.

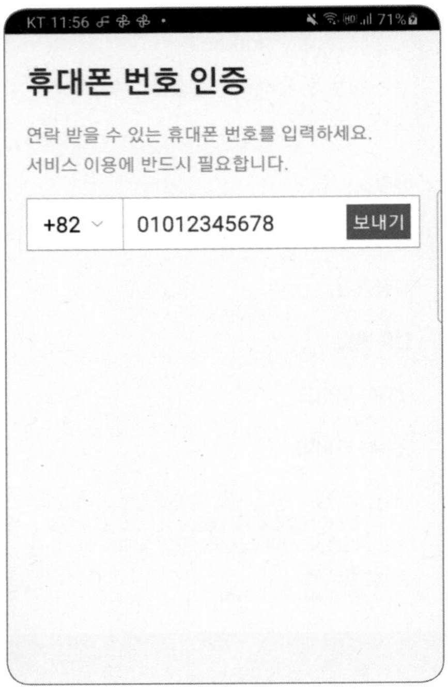

9 휴대폰 인증 번호가 입력되면 [다음]을 터치합니다.

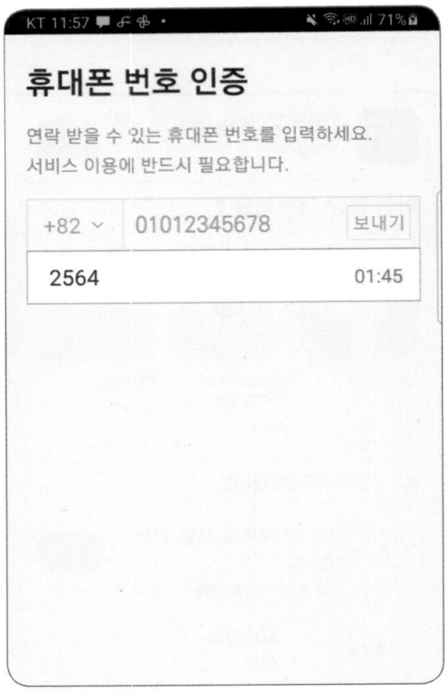

10 추가 정보 입력 화면에서 [나중에 하기]를 터치합니다.

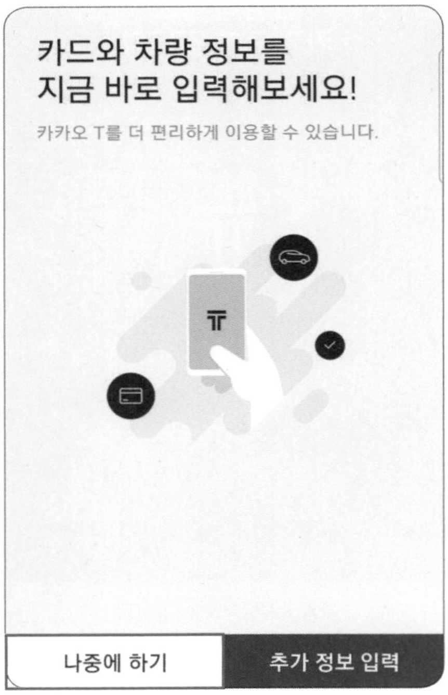

11 택시를 호출하기 위해 [택시]를 터치합니다.

12 카카오티 지도에 현재 위치가 출발 위치로 표시됩니다. 목적지를 입력하기 위해 '어디로 갈까요?'를 터치합니다.

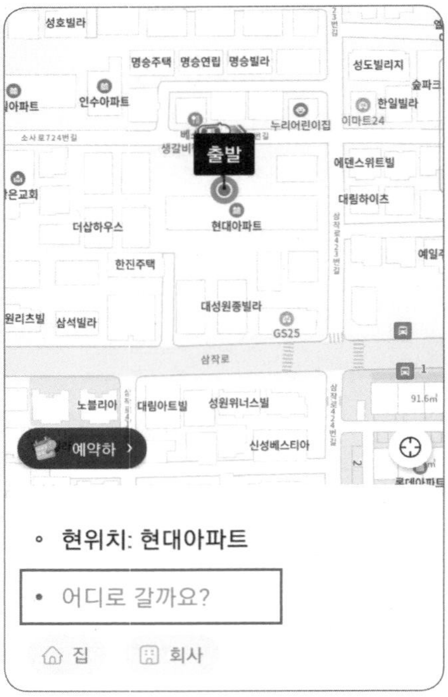

13 [도착지 검색]을 터치합니다.

14 목적지를 입력하여 검색된 목록에서 최종 목적지를 터치합니다.

15 장소 결과 화면에서 최종 목적지의 [도착]을 터치합니다.

16 정확한 탑승 위치를 선택한 다음 [확인]을 터치합니다.

17 주변 택시를 호출하기 위해 [일반 호출]을 터치합니다.

18 예상 시간과 요금을 확인한 후 [호출하기]를 터치하면 택시가 호출됩니다.

한걸음 더!

결제 수단 등록하기

카카오T는 결제 수단이 등록되어야 사용할 수 있으며, 가족계정 관리에서 최대 10명의 가족 구성원이 공동 결제 수단으로 사용할 수 있습니다.

❶ 카카오T 홈 화면에서 [내 정보]를 터치합니다.

❷ [내 정보] 화면에서 [결제수단 관리]를 터치합니다.

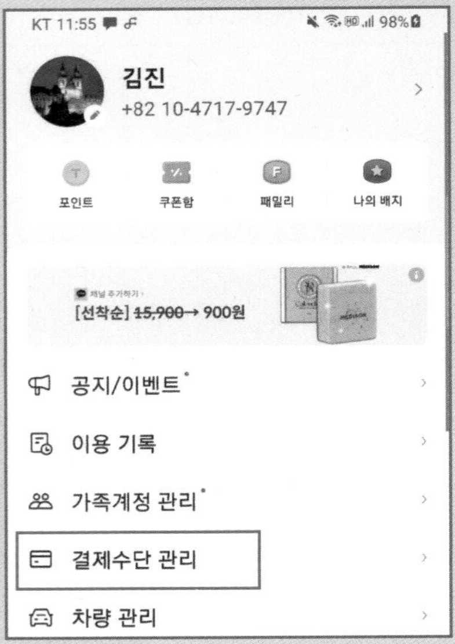

❸ [결제수단 관리] 화면에서 자동 결제 방식을 선택한 다음, 절차에 따라 결제 수단을 등록합니다.

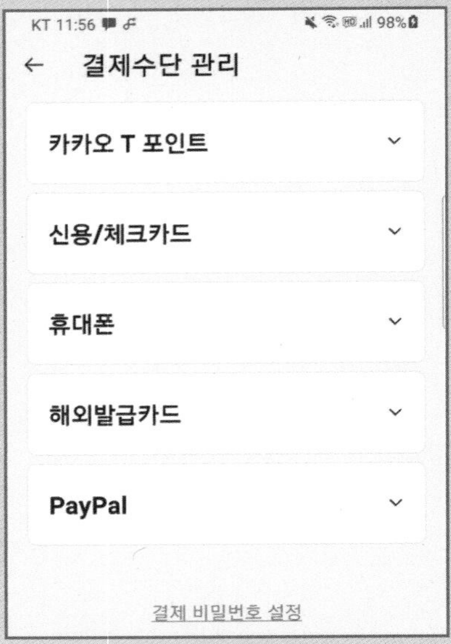

호출 취소하기 : 호출을 취소하려면 호출 화면에서 [호출취소]를 터치한 다음, 정말 취소할 것인지 묻는 창에서 [호출 취소]를 터치합니다.

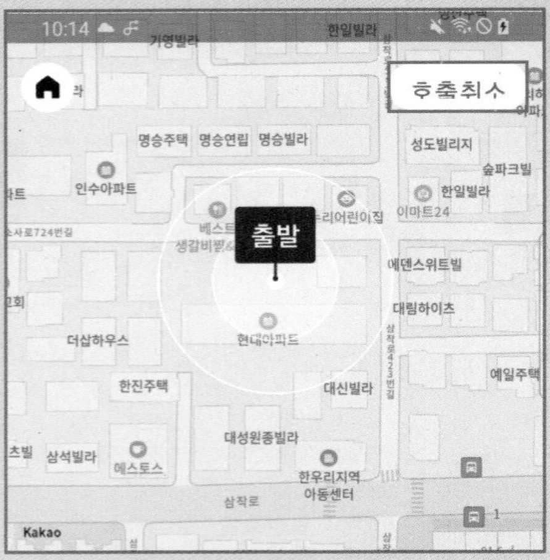

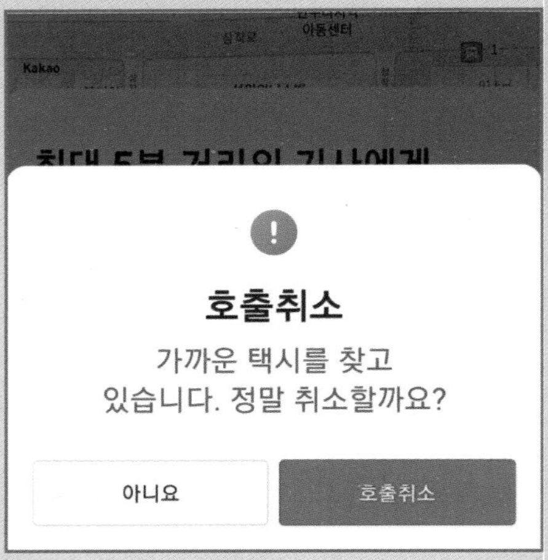

혼자해보기

1 덕수궁을 찾아 로드뷰로 지도 검색을 하고, 현재 위치의 주변 맛집을 찾아 정보를 알아보세요.

2 현재 위치에서 가장 가까운 병원을 로드뷰로 위치를 검색해보세요.

Section 08

친구에게 선물하고 내 선물 관리하기

생일이나 기념일 등 특별한 날에 친구, 가족, 연인 등에게 간편하고 쉽게 모바일 상품권을 전달할 수 있습니다.

학습내용

- ✓ 친구들에게 선물을 보낼 수 있습니다.
- ✓ 보낸 선물을 취소할 수 있습니다.
- ✓ 지인으로부터 받은 선물을 관리할 수 있습니다.

smartphone

01 친구에게 선물 보내기

카카오톡에 등록되어 있는 친구나 지인한테 특별한 선물을 쉽게 보낼 수 있습니다. 카페, 꽃다발 기프트 카드 등 다양한 선물 중 마음에 드는 선물을 응원 또는 축하의 메시지와 함께 보낼 수 있습니다.

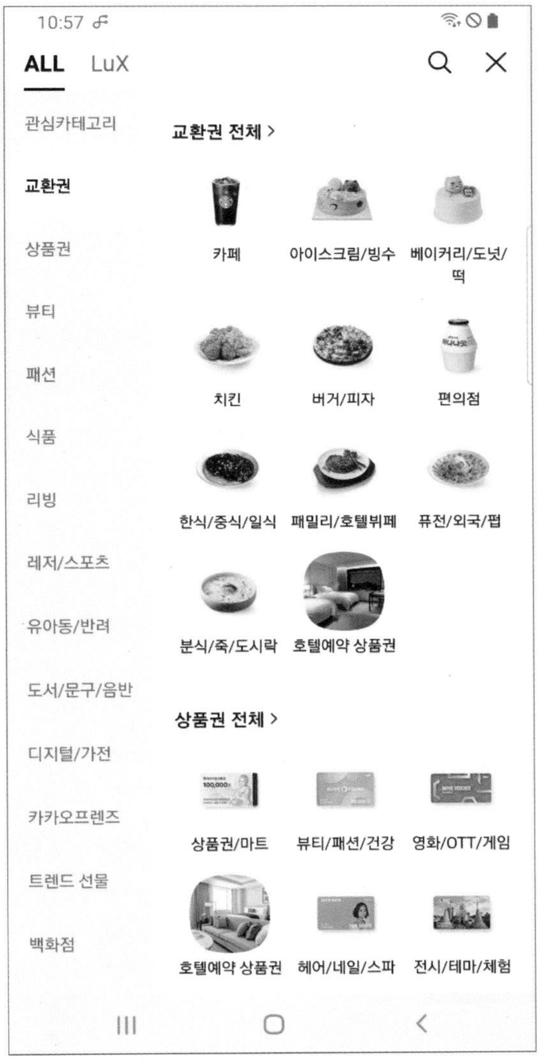

TIP

선물하기의 결제 방식은 일반신용카드, 일반 휴대폰 결제, 무통장 입금으로 결제할 수 있습니다.

1 ··· [더보기]를 터치합니다.

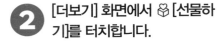

2 [더보기] 화면에서 [선물하기]를 터치합니다.

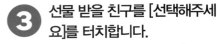

3 선물 받을 친구를 [선택해주세요]를 터치합니다.

4 [친구 선택] 화면에서 선물할 친구를 선택하고 [확인]을 터치합니다.

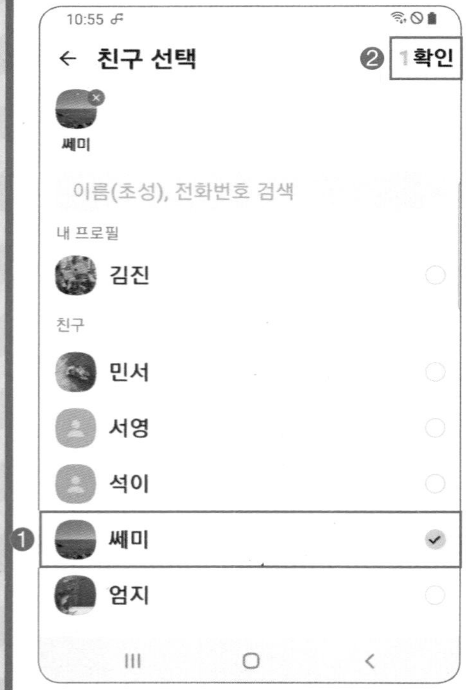

5 ☰ [카테고리]를 터치합니다.

6 카테고리에서 [교환권]을 터치한 다음, [카페]를 터치합니다.

7 선호하는 카페 브랜드를 터치합니다.

8 선택한 브랜드에서 선물할 상품을 터치합니다.

9 선택한 상품의 세부 내용을 확인하고 [선물하기]를 터치합니다.

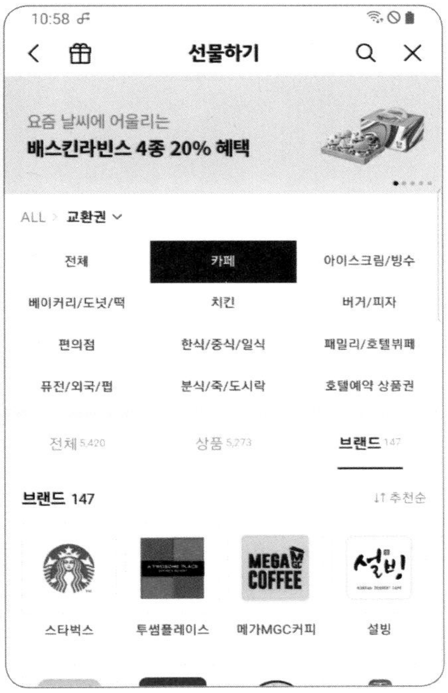

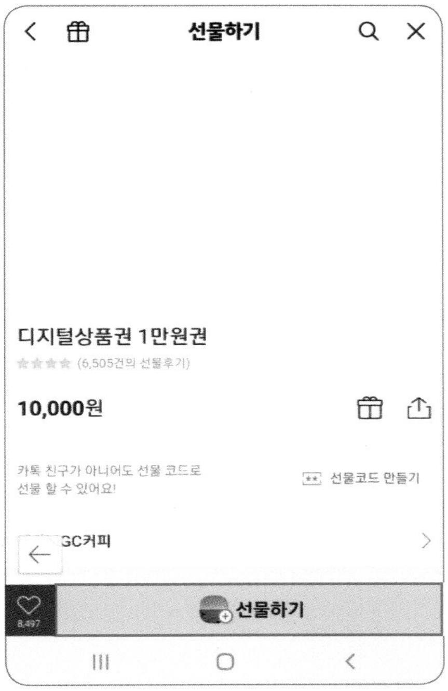

10 선물 수량을 입력하고 [선물하기]를 터치합니다.

11 선물과 함께 보낼 카드와 내용을 입력합니다.

12 화면을 위로 드래그하여 원하는 방식을 이용하여 결제를 진행합니다.

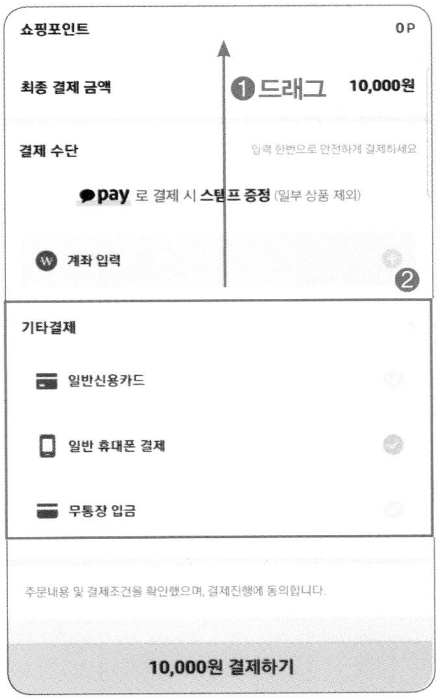

02 선물 결제 취소하기

선물을 다른 사람에게 잘못 보낸 경우 결제를 취소할 수 있습니다. 교환권 선물은 선물을 받은 사람이 교환권을 사용하기 전에 취소할 수 있습니다.

TIP

모바일 교환권은 선물 받은 상대방이 모바일 교환권을 사용하지 않은 경우 취소할 수 있습니다.
배송상품은 선물받은 사람이 배송지를 입력하지 않은 경우 취소가 가능합니다.

1 [더보기] 화면에서 [선물하기]를 터치합니다.

2 [선물하기] 화면에서 [선물함]을 터치합니다.

3 [선물함] 화면에서 [주문내역]을 터치합니다.

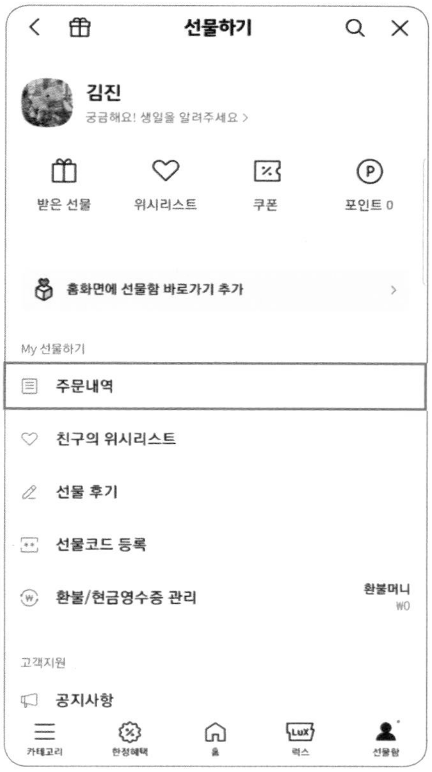

4 취소할 선물의 [상세보기]를 터치합니다.

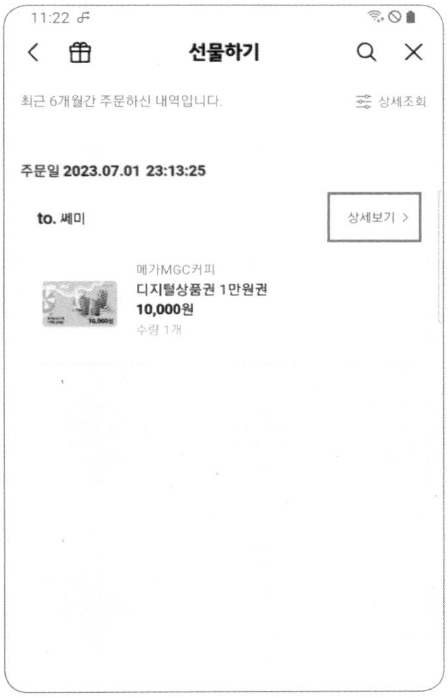

5 선택한 선물의 상세 보기 화면에서 [취소]를 터치합니다.

6 주문 취소 확인 화면에서 [확인]을 터치합니다.

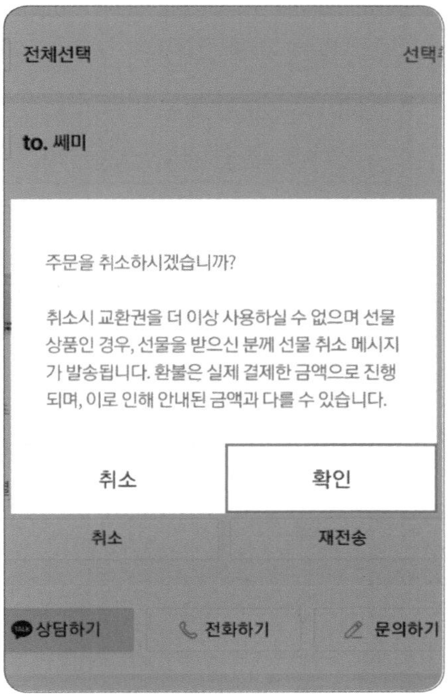

7 취소 처리 안내창에서 [확인]을 터치합니다.

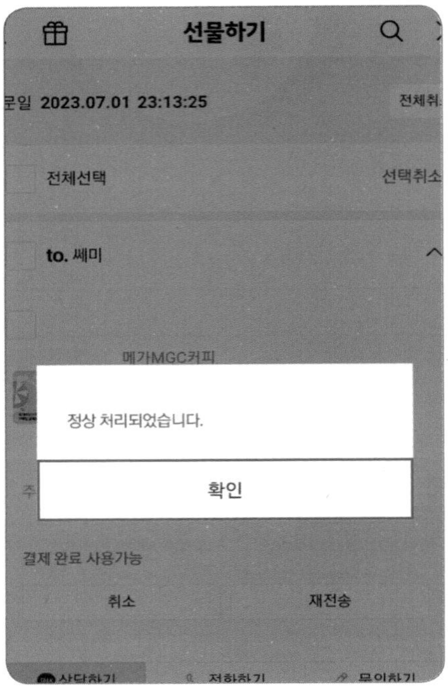

8 잠시 기다리면 카카오톡으로 환불 관련 메시지가 전송됩니다.

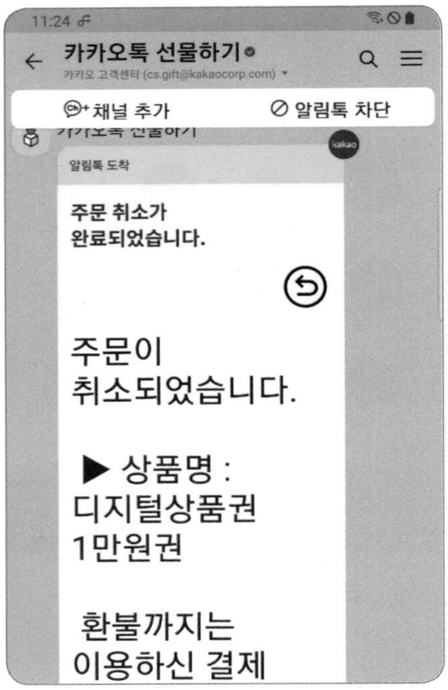

TIP

선물 취소가 되면 상대방에게 주문 취소 메시지가 전송됩니다.

TIP

무통장 입금으로 결제하기

① 선물 결제 화면의 기타 결제 항목에서 [무통장 입금]을 터치하고, 입금 은행을 선택한 다음 [결제하기]를 터치합니다.

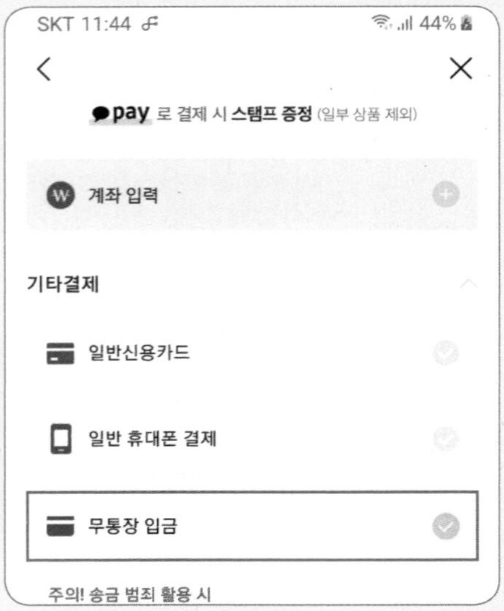

② 선물 주문 화면에서 주문 내역에 표시된 계좌로 입금 마감일까지 입금해야 주문이 완료됩니다.

smartphone 03 받은 선물 관리하기

선물함에서 친구에게 받은 선물을 확인할 수 있으며, 받은 교환권 선물은 사용하지 않을 경우, 구매 금액의 90% 현금으로 본인의 계좌로 환불받을 수 있습니다.

TIP

[선물함]에서 [흔들기 설정]을 활성화시키면 스마트폰을 흔들면 선물함 화면이 열립니다.

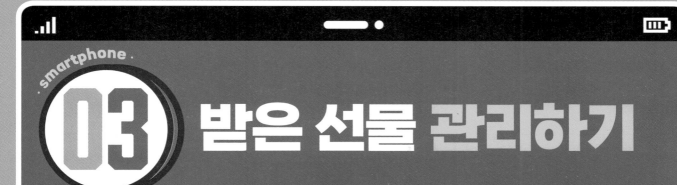

1 [더보기] 화면에서 [받은 선물]을 터치합니다.

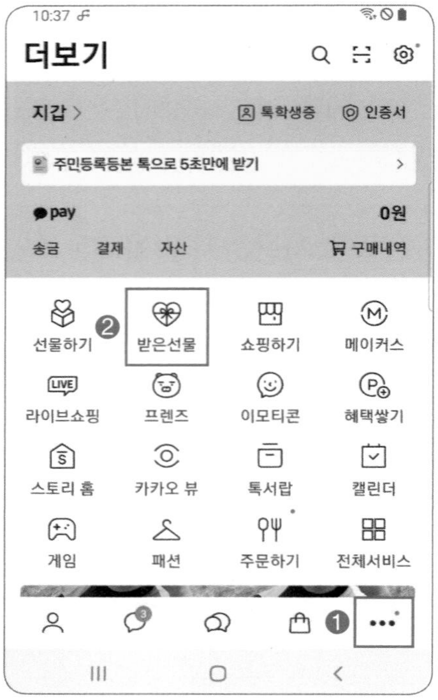

2 지인에게 받은 선물을 확인할 수 있습니다. 환불 받을 선물을 터치합니다.

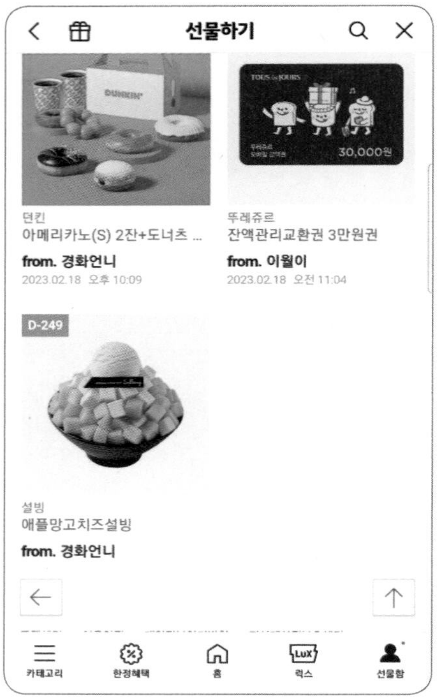

3 [취소/환불]을 터치합니다.

4 [취소/환불] 창에서 내용을 읽은 후 '내용을 확인했어요'를 선택한 다음, [취소/환불 받기]를 터치합니다.

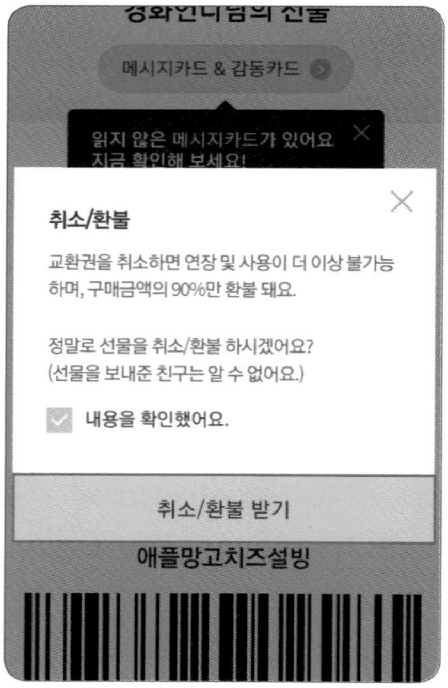

5 환불 처리가 정상적으로 되었다는 메시지 창에서 [확인]을 터치합니다.

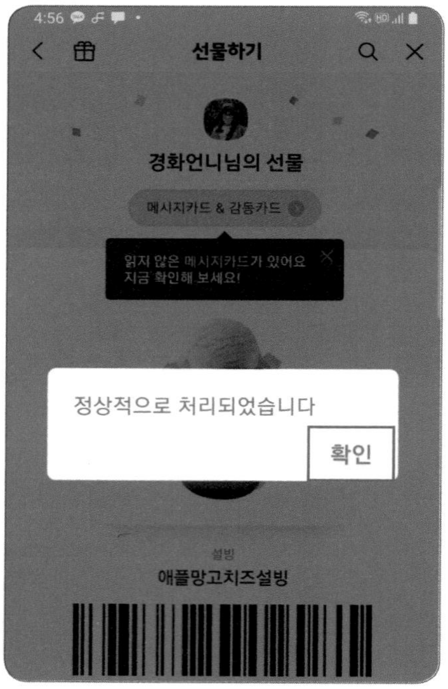

6 '동의합니다.'에 체크 표시를 한 후 [다음]을 터치합니다.

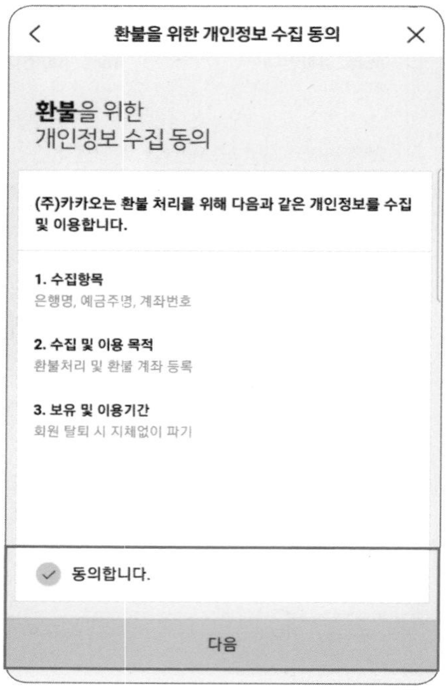

7 환불 받을 은행과 계좌번호를 입력한 후 [다음]을 터치합니다.

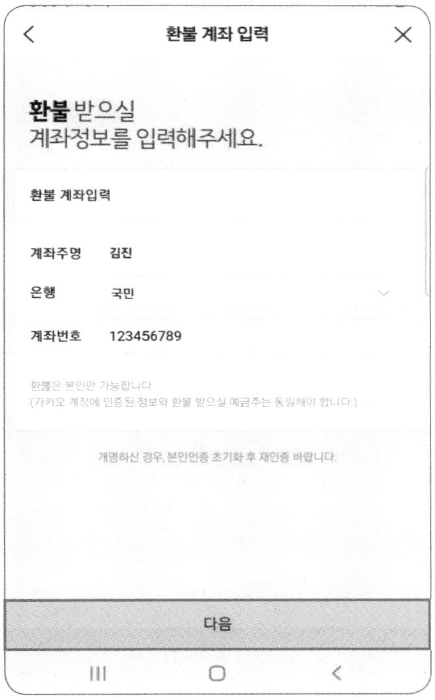

8 환불 금액과 환불 계좌 정보를 확인한 후 [다음]을 터치합니다.

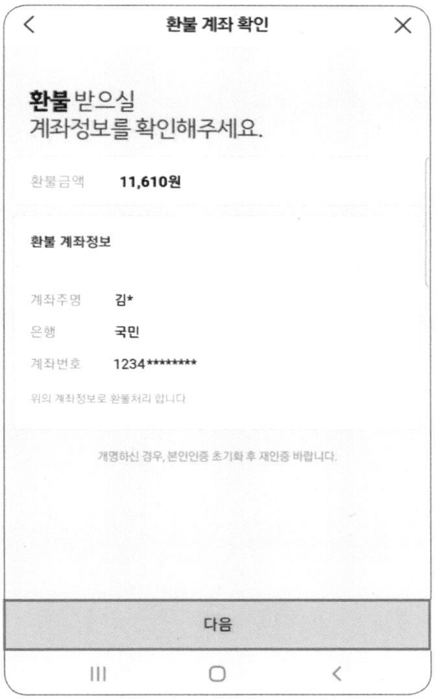

9 다음과 같이 환불 신청이 완료됩니다.

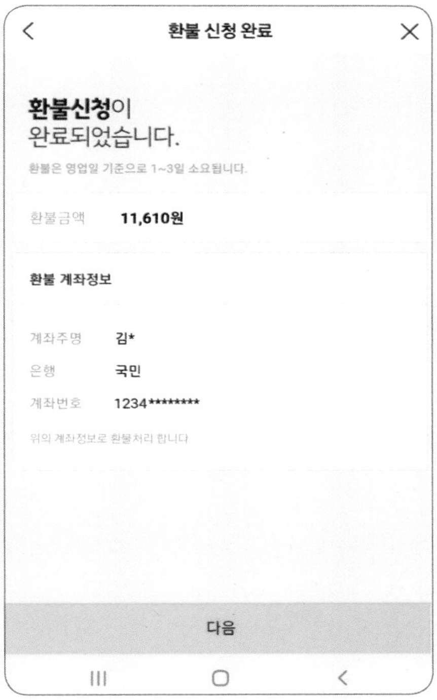

한 걸음 더!

smartphone

선물함 바로가기 홈 화면에 추가

❶ [선물하기] 화면에서 [홈 화면에 선물함 바로가기 추가]를 터치합니다.

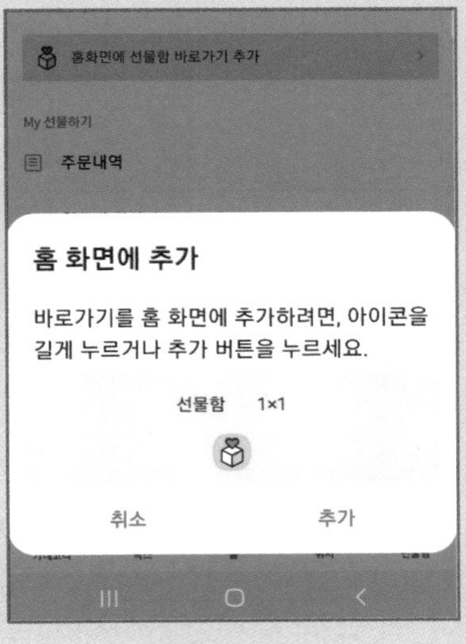

❷ [홈 화면에 추가] 창에서 [추가]를 터치하면 선물함 바로가기 아이콘이 홈 화면에 등록됩니다.

TIP

취소 환불한 상품은 내 선물함에서 '사용불가' 표시가 됩니다.

혼자해보기

1. 가까운 지인에게 응원 카드와 함께 깜짝 선물을 보내보고, 내 선물함에 받은 선물을 확인해보세요.

2. 지인한테 어떤 선물을 받았는지 확인해보세요.

3 지인한테 어떤 선물을 보냈는지 확인해 보세요.

10:14
선물하기
30,000원
수량 1개
주문일 2023.06.19 12:10:50
to. 전상우
상세보기 >
메가MGC커피
더블 아아 세트((ICE)아메리카노 2잔)
4,000원
수량 1개
주문일 2023.06.19 12:07:55
to. 멋진홍관
상세보기 >
배스킨라빈스
파인트 아이스크림(배달가능)
8,900원
수량 1개
주문일 2023.06.10 22:19:27
to. 전상우
상세보기 >
배스킨라빈스
파인트 아이스크림(배달가능)
카테고리
한정혜택
홈
럭스
선물함

4 받은 선물을 환불 받아보세요.

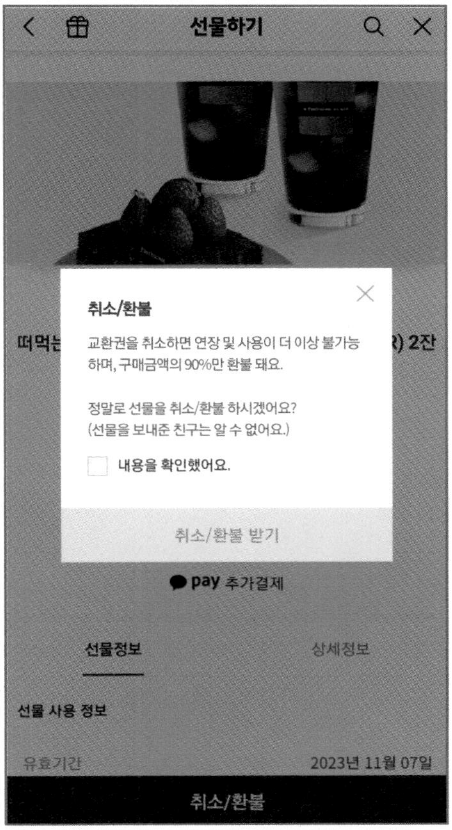
선물하기
취소/환불
교환권을 취소하면 연장 및 사용이 더 이상 불가능하며, 구매금액의 90%만 환불 돼요.
정말로 선물을 취소/환불 하시겠어요?
(선물을 보내준 친구는 알 수 없어요.)
내용을 확인했어요.
취소/환불 받기
pay 추가결제
선물정보
상세정보
선물 사용 정보
유효기간
2023년 11월 07일
취소/환불

Section 09

카카오 인증서 활용하기

카카오 인증서는 본인 인증이나 신원 확인을 간편하게 할 수 있는 전자 인증 방식으로, 개인 정보를 보호하여 온라인 금융 거래나 사기 보안 위협으로부터 안전하게 거래할 수 있으며 주민등록등본, 건강보험료 납부 확인서와 같은 서류를 빠르게 발급받을 수 있습니다.

학습내용

- 카카오톡 인증서를 발급받을 수 있습니다.
- 주민등록 등본을 발급받을 수 있습니다.

smartphone

01 카카오 인증서 발급받기

카카오 인증서는 전자서명법과 카카오 전자서명인증 업무준칙에 따라 휴대폰 인증과 계좌 인증으로 사용자의 신원을 확인한 후 발급받을 수 있습니다.

TIP

카카오 인증서는 본인 명의의 휴대폰으로만 발급이 됩니다. 가족 명의의 휴대폰으로는 인증서 발급이 되지 않습니다.

1 카카오톡에서 ··· [더보기]를 터치합니다.

2 카카오톡 [더보기] 화면에서 [인증서]를 터치합니다.

3 인증서 발급의 이용약관 화면에서 '필수' 항목만 선택하고 [계속 진행하기]를 터치합니다.

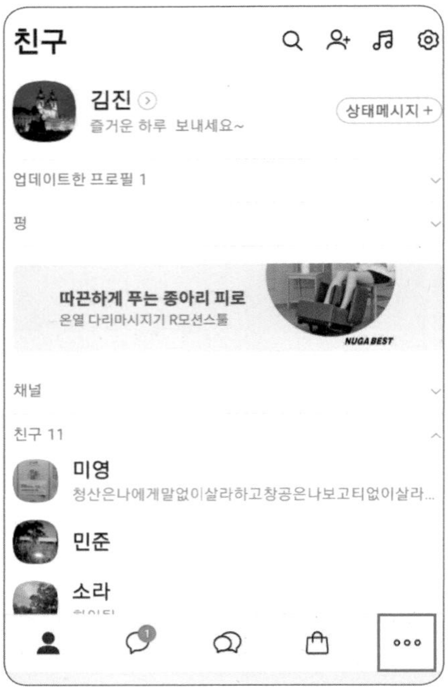

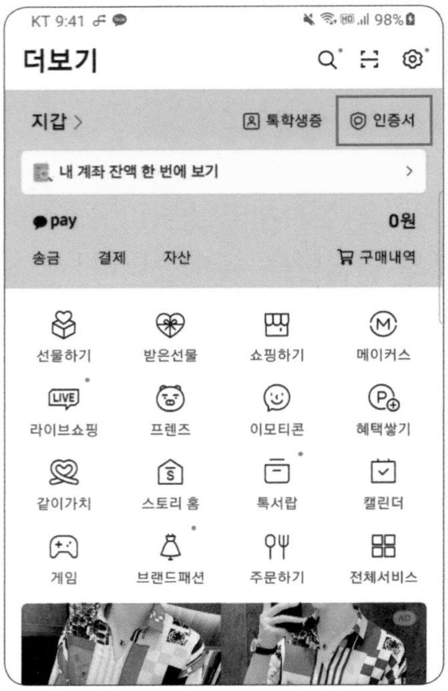

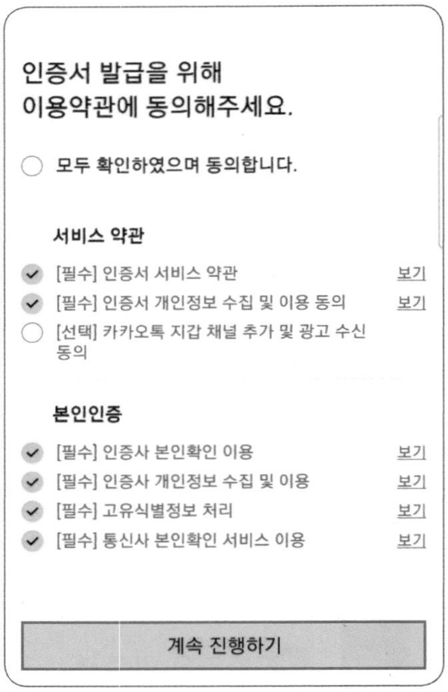

4 본인 인증을 위한 휴대번호를 입력하고 [인증 요청]을 터치합니다.

5 문자로 전송받은 인증번호 6자리를 입력한 후 [다음]을 터치합니다.

6 인증받을 은행을 선택하고 은행의 계좌번호를 정확히 입력한 후 [1원 송금하기]를 터치합니다.

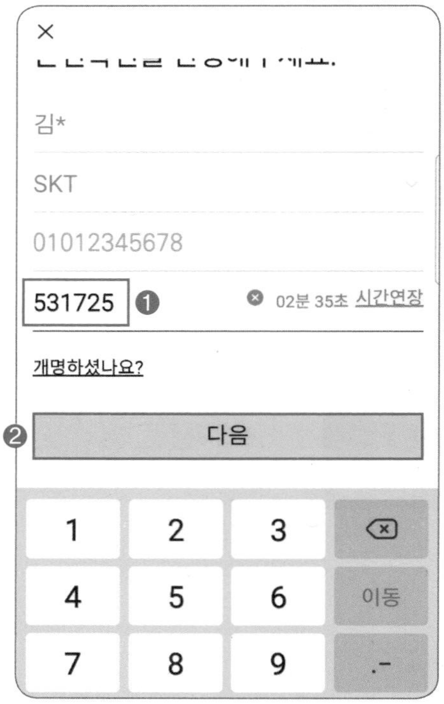

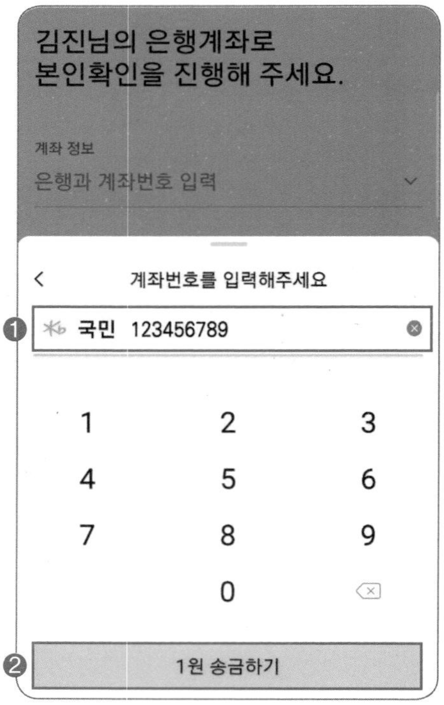

7 선택한 은행 계좌에 1원을 입금한 입금자명을 정확히 입력한 후 [확인]을 터치합니다.

8 [My 비밀번호 입력] 화면에서 인증서 발급 비밀번호 6자리를 입력합니다.

9 인증서가 발급되면 [확인]을 터치합니다.

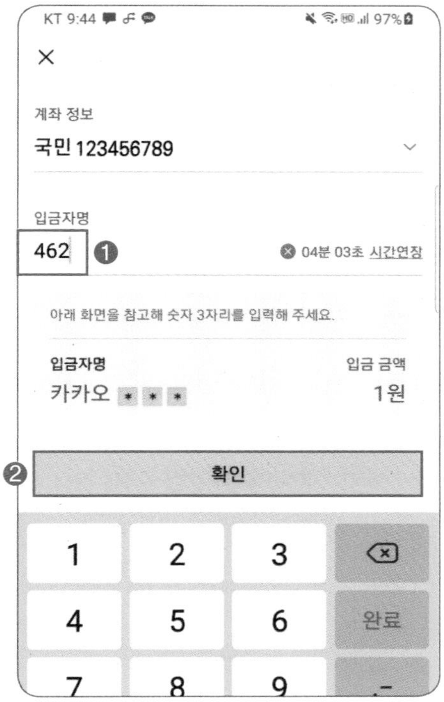

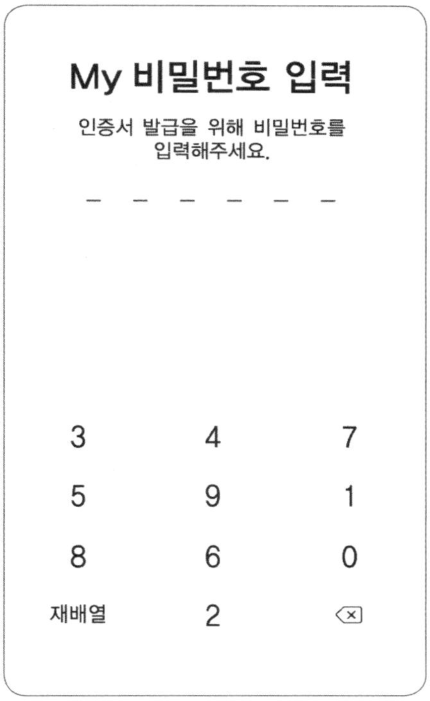

한 걸음 더!

smartphone

본인 계좌 확인하기

본인 계좌 인증에서 선택한 은행 뱅킹으로 로그인하여 [거래내역조회]를 확인하면 1원을 송금한 입금자명을 확인할 수 있습니다.

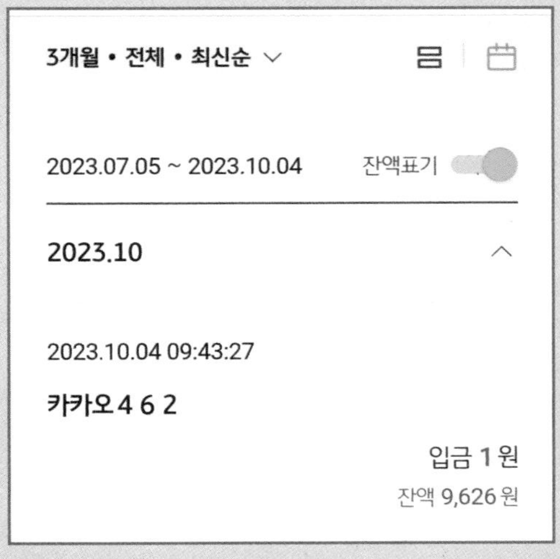

smartphone

02 전자증명서 발급받기

회사나 특정 기관에서 주민등록등본, 초본 등의 증명서를 발급받아 제출해야 되는 경우 발급 기관에 직접 방문하지 않고도 카카오톡에서 쉽게 발급을 받아 휴대폰에 저장하거나 카카오톡으로 공유를 할 수 있을 뿐만 아니라 제출 기관에 바로 제출할 수 있습니다.

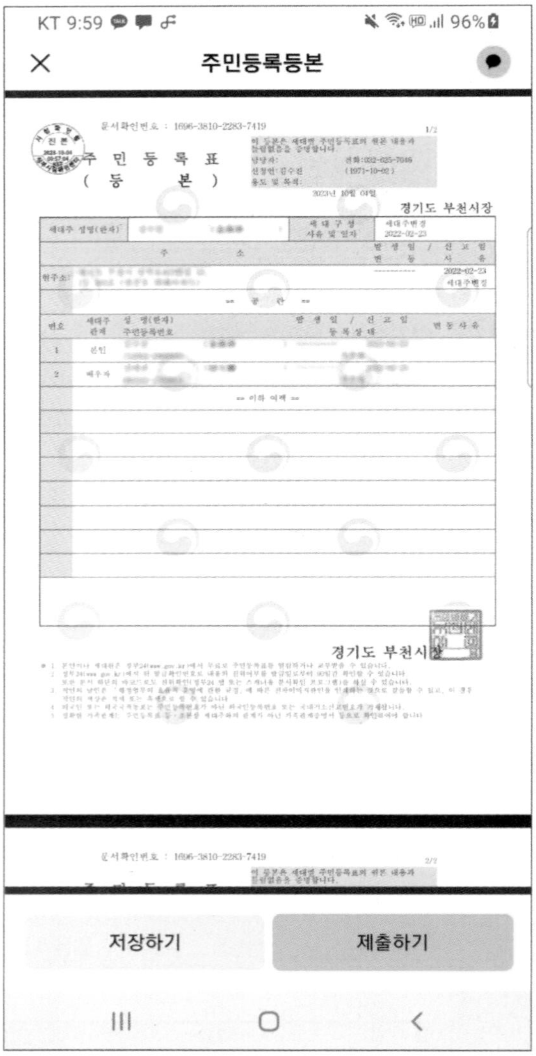

TIP

카카오톡에서 소득금액 증명, 주민등록등본, 주민등록초본, 건강보험 자격득실확인서 이외에 62개의 증명서를 발급받을 수 있습니다.

1 [더보기] 화면에서 [지갑]을 터치합니다.

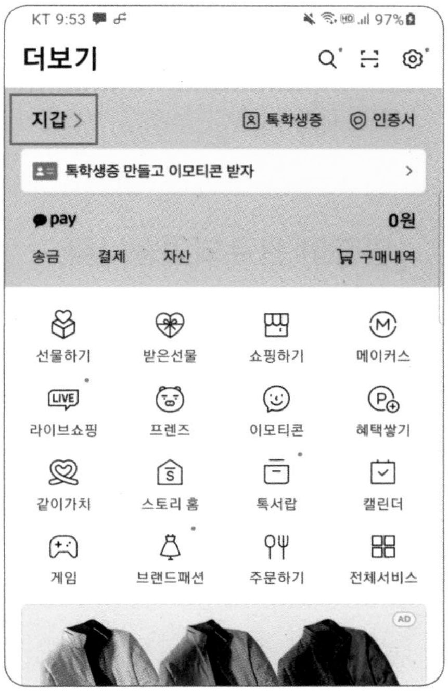

2 [지갑] 화면에서 [전자문서]의 [신청하기]를 터치합니다.

3 발급받을 전자증명서로 [주민등록등본]을 선택합니다.

4 [주민등록상 주소] 선택 화면에서 '주민등록상 주소를 선택해 주세요'를 터치합니다.

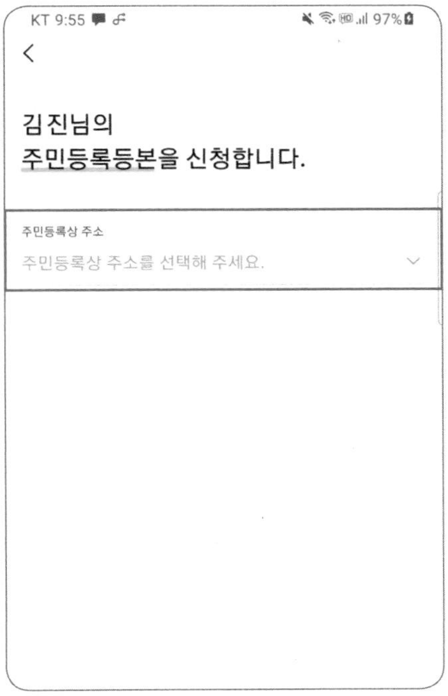

5 [시/도 선택해 주세요] 화면에서 주민등록상의 시도를 선택합니다.

6 [시/군/구를 선택 해주세요] 화면에서 주민등록상의 시를 선택합니다.

7 주민등록상의 주소를 확인한 후 발급 형태를 '기본 발급'으로 선택하고 [인증 후 신청하기]를 터치합니다.

8 [My 비밀번호 입력] 화면에서 인증서 발급할 때 입력한 비밀번호 숫자 6자리를 입력합니다.

9 다음과 같이 주민등록등본이 발급되면 [확인]을 터치합니다.

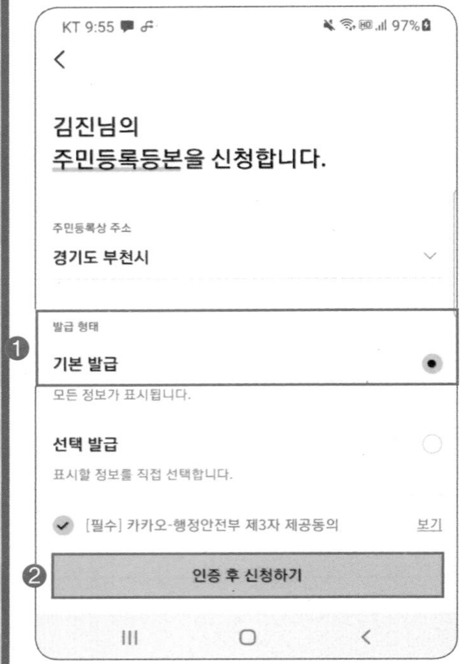

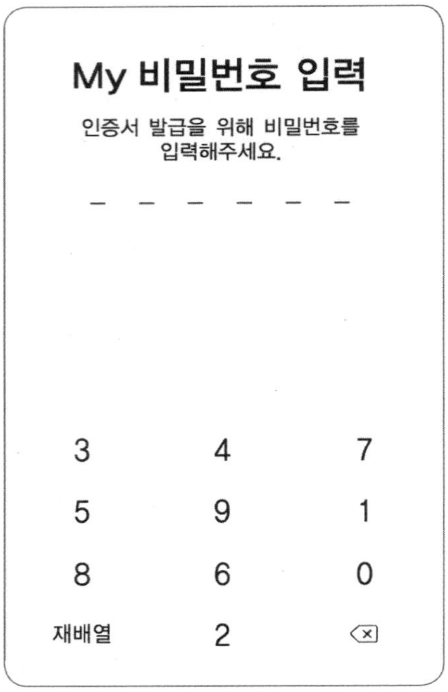

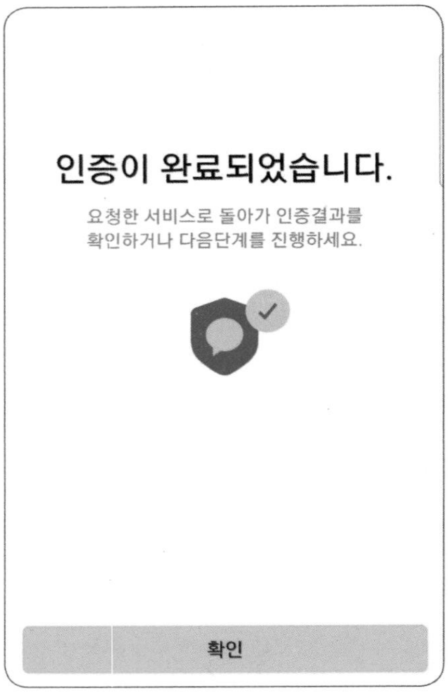

10 다음과 같이 인증서 화면이 나타나면 [닫기]를 터치합니다.

11 증명서 발급이 완료되면 [신청한 증명서]를 터치합니다.

12 발급 받은 주민등록등본을 터치합니다.

13 발급받은 등본을 스마트폰에 저장하기 위해 [저장하기]를 터치합니다.

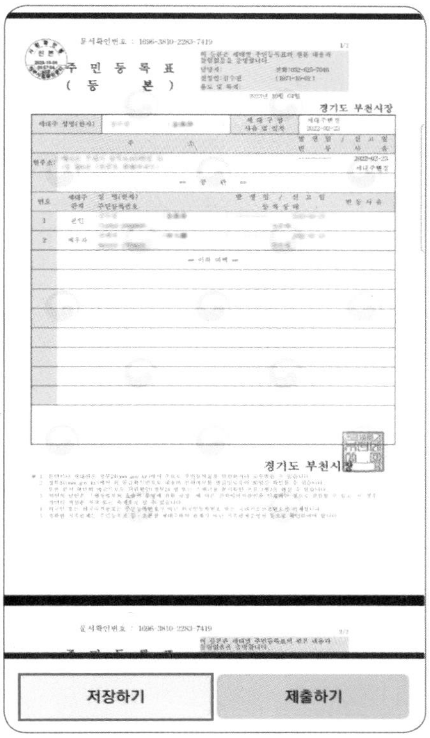

14 [비밀번호 설정 없이 저장하기]를 터치하여 저장합니다.

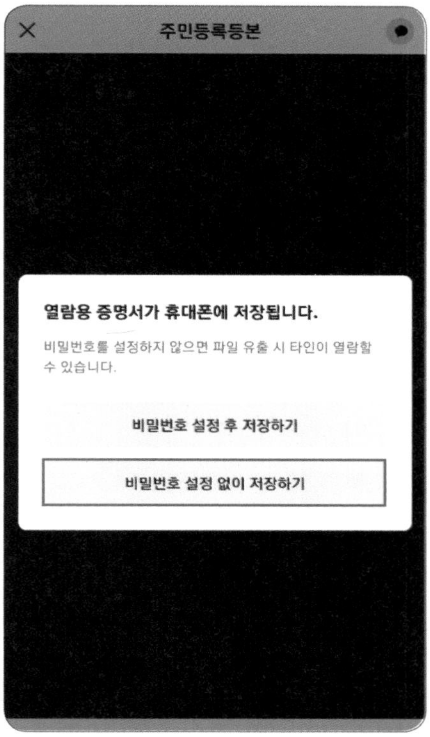

주민등록등본
열람용 증명서가 휴대폰에 저장됩니다.
비밀번호를 설정하지 않으면 파일 유출 시 타인이 열람할 수 있습니다.
비밀번호 설정 후 저장하기
비밀번호 설정 없이 저장하기

한 걸음 더!

smartphone

신청한 증명서 확인하고, 제출하기

❶ [지갑] 화면에서 [전자문서]의 [전자증명서]를 터치합니다.

❷ [전자증명서] 화면에서 [신청한 증명서]를 터치합니다.

❸ 신청한 증명서 내역을 확인할 수 있습니다. 제출할 증명서를 터치합니다.

한걸음 더!

❹ [제출하기]를 터치합니다.

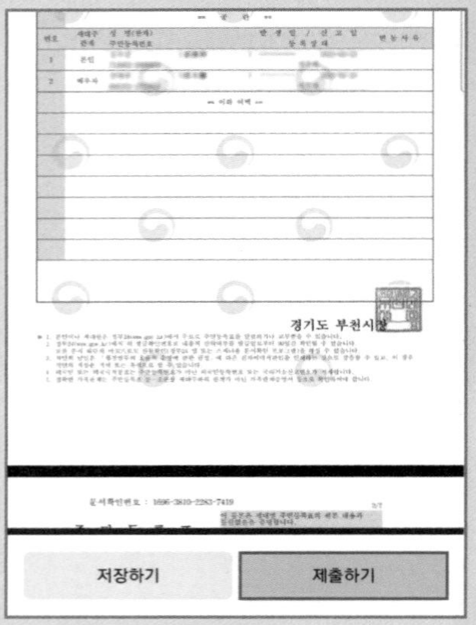

❺ 제출 방법 선택 화면에서 [제출 기관 검색]을 터치합니다.

❻ 증명서 제출 기관 검색란을 터치합니다.

❼ 검색된 제출 기관명을 선택합니다.

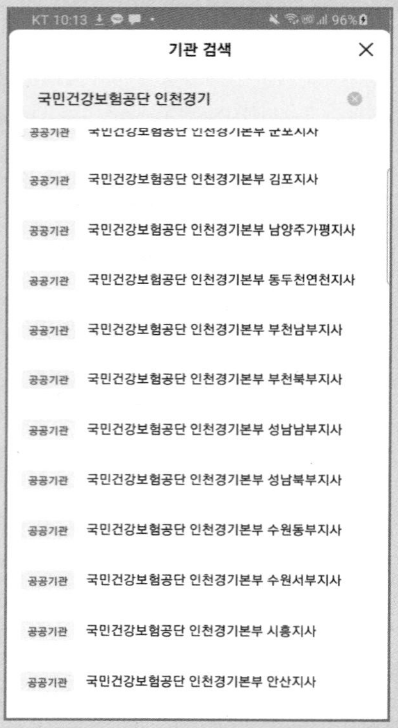

❽ 제출 기관이 입력되면 [다음]을 터치합니다.

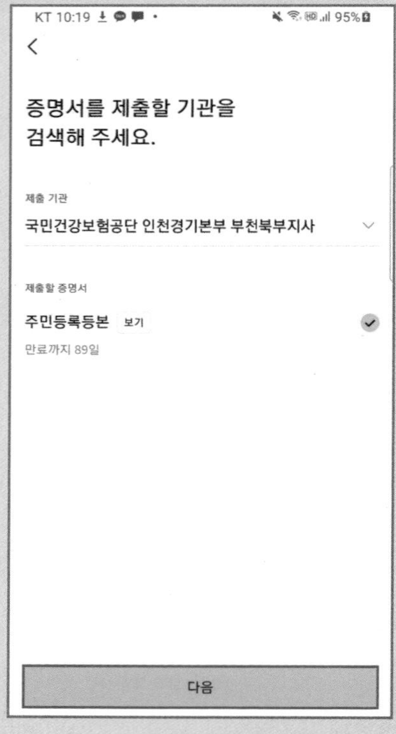

❾ 다시한번 제출할 기관명과 증명서를 확인한 후 [제출하기]를 터치합니다.

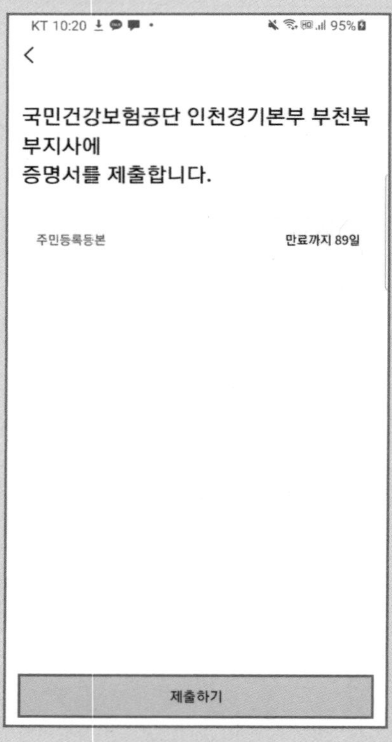

한걸음 더!

smartphone

⑩ 제출 완료 화면에서 [확인]을 터치합니다.

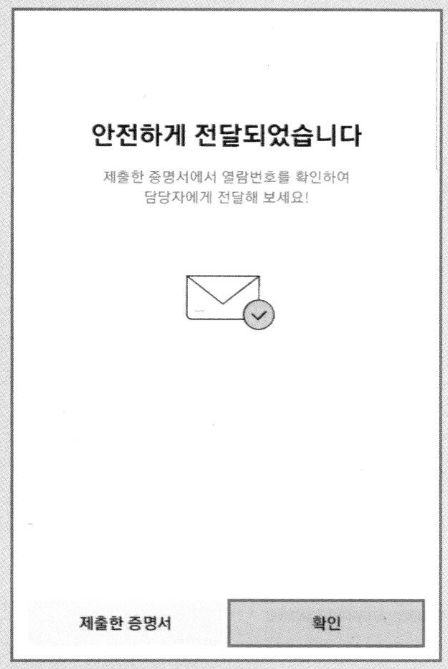

⑪ 제출을 취소하려면 [전자증명서] 화면에서 [신청한 증명서]를 터치합니다.

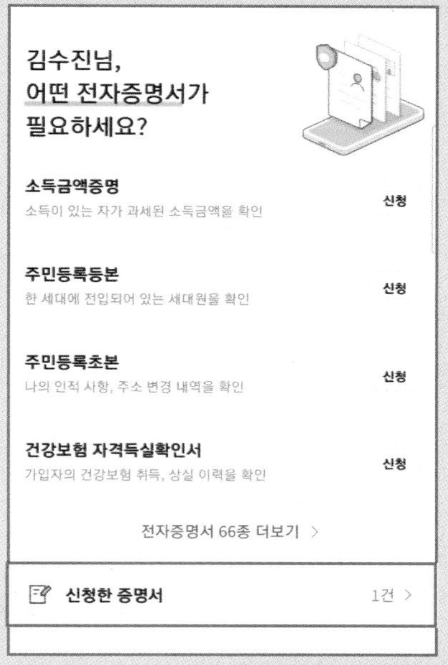

⑫ [제출한 증명서] 화면에서 제출한 증명서를 터치합니다.

⑬ [제출 취소하기]를 터치한 다음, 취소 여부를 묻는 창에서 [확인]을 터치합니다.

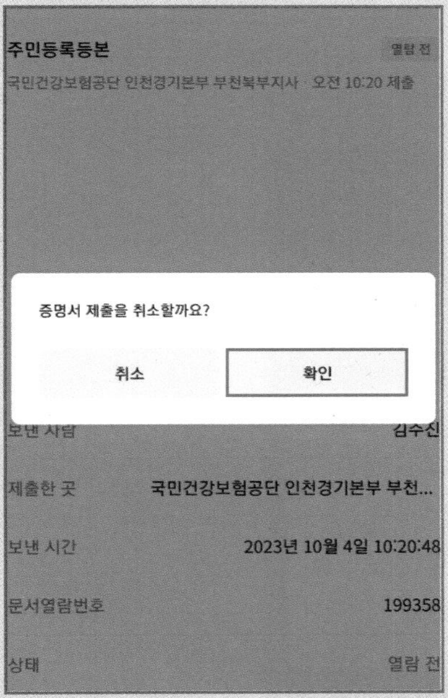

⑭ 증명서 제출이 취소된 것을 확인할 수 있습니다.

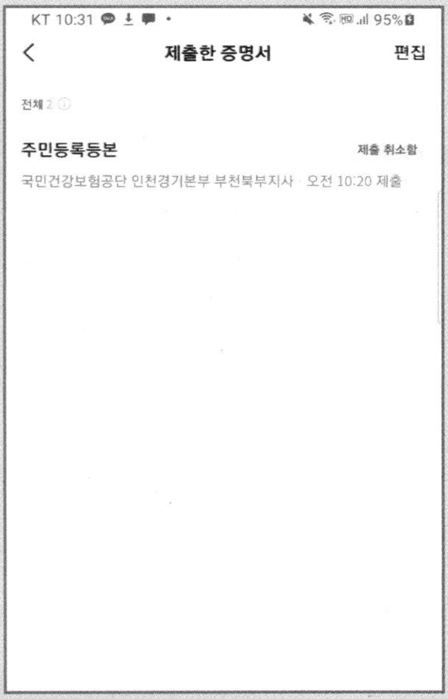

혼자해보기

1 발급받은 인증서를 이용하여 '건강보험 자격득실확인서'를 발급 받아보세요.

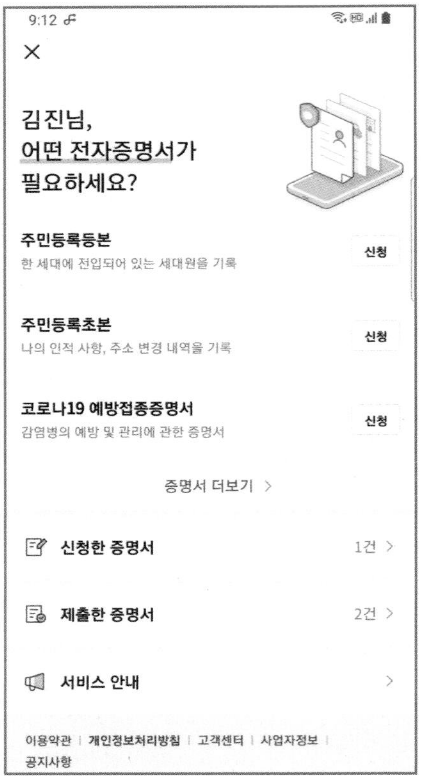

2 발급받은 초본을 비밀번호를 설정하여 스마트폰에 저장해보세요.

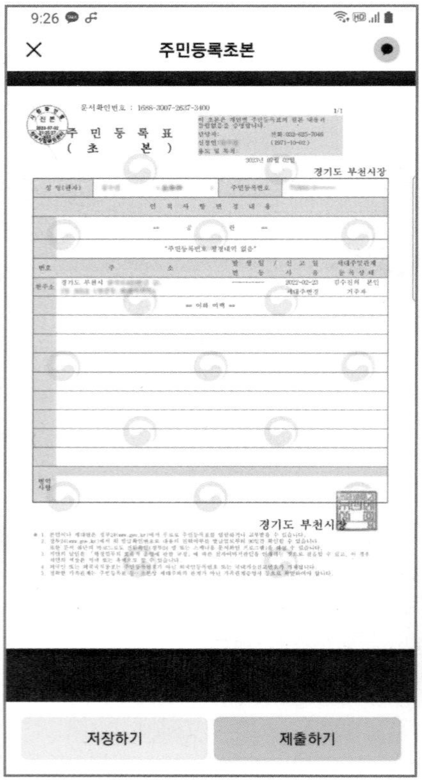

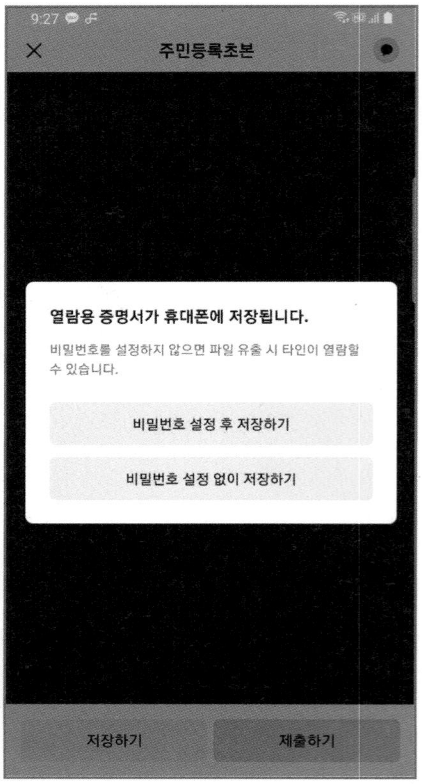